深度拆解
20个经典品牌

严风林 著

中国·武汉

图书在版编目(CIP)数据

深度拆解20个经典品牌民宿 / 严风林著. — 武汉:华中科技大学出版社,2020.1(2023.8重印)
ISBN 978-7-5680-5457-7

Ⅰ.①深… Ⅱ.①严… Ⅲ.①旅馆－介绍－中国 Ⅳ.①F719.2

中国版本图书馆CIP数据核字(2019)第182493号

深度拆解20个经典品牌民宿 严风林 著
SHENDU CHAIJIE 20 GE JINGDIAN PINPAI MINSU

策划编辑:彭霞霞

责任编辑:彭霞霞

责任校对:周怡露

责任监印:朱 玢

版式设计:王盈智

封面设计:杨小勤

出版发行:华中科技大学出版社(中国·武汉) 电话:(027)81321913
　　　　　武汉市东湖新技术开发区华工科技园 邮编:430223

印　　刷:武汉精一佳印刷有限公司

开　　本:710 mm×1000 mm　1/16

印　　张:10

字　　数:198千字

版　　次:2023年8月第1版第4次印刷

定　　价:59.80元

本书若有印装质量问题,请向出版社营销中心调换
全国免费服务热线:400-6679-118　竭诚为您服务
版权所有　侵权必究

"阅宿"丛书编写委员会

丛书主编: 严风林(佳乡学院创始人)

丛书副主编(以字母顺序): 陈长春(隐居乡里创始人)
严　妍(佳乡学院合伙人)

参编人员(以字母顺序): 曹一勇(原乡里民宿创始人)
陈子墨(张家界旅游协会民宿客栈分会会长)
董艳丰(寒舍文旅集团副总裁)
付　鹏(湖南省旅游饭店协会民宿客栈分会会长)
龚成骏(中国室内装饰协会陈设艺术中心常务副主任)
黄　瀚(北京方合酒店咨询有限公司副总裁)
黄　田(上海晓行文旅联合创始人)
刘　小(中国室内装饰协会陈设艺术中心副主任)
金　虹(深圳取舍行旅联合创始人)
蹇　莉(民宿自媒体《借束光》创始人)
江　曼(又见炊烟新田园度假地创始人)
孔祥羽(佳乡学院主编)
刘　艺(五号山谷联合创始人)
潘思旋(中国农民大学副校长)
孙　昂(易山易水主理人)
石　磊(白鸟乡村度假创始人)
文　闻(湖南省旅游饭店协会民宿客栈分会秘书长)
谢　雪(资深民宿渠道运营者)
俞军君(民宿自媒体《民宿圈》《宅村》主编)
周海斌(多彩投合伙人)
张海超(大隐于世创始人)
赵立臣(自媒体《结庐居》主编)

序 1

大部分人所说的民宿是一个广义概念，也就是除了标准星级酒店以外的非标准化住宿业态。在国外，非标准化住宿里包括精品酒店、民宿和爱彼迎三类。在中国，民宿和精品酒店的概念差不多同时出现。

在 2015 年前的一段时间，在上海媒体《外滩画报》的倡导下，有很多关于本土设计酒店的活动。在那个阶段，大家把精品酒店和民宿都叫做设计酒店。民宿的概念进入中国后，基本上精品酒店也都归到了民宿的范畴。有部分精品酒店从业者自认为不是民宿，不应该被邀请参加民宿的活动。

松赞并不介意被称为民宿或精品酒店，这只是非标准住宿领域的综合分类。因此，各种民宿和精品酒店活动，松赞都会参加。相对来说，比起精品酒店，我觉得民宿这个称呼反而更加质朴。

我对民宿的理解是，首先民宿应地处一个较好的旅行目的地，其次有较强的地域文化特色，服务品质高且人性化。

佳乡学院从 2016 年开始组织民宿游学，松赞也接待了很多游学团。每次松赞都尽力配合，松赞团队也毫无保留地分享经验与收获。在这些交流活动中，大家常常提到情怀，很多人都会分享做民宿的情怀，大部分人觉得做民宿如果没有情怀的话是很难支撑的。

我常常分享的是松赞的企业核心价值和使命，这些也可以归类在情怀里。我认为大家要考虑怎么认识情怀，实际上无论做什么事情，都不能少了情怀，真正的情怀会成为你发自内心的动力。而选择任何一种商业模式，都要有一个自己的目标。

这个目标意味着你的人生选择什么样的事业。所谓事业应该是做一件对这个世界有贡献的事情，我认为做任何事情都应该有这样一个初衷。如果仅仅因为这个模式赚钱就去做，我觉得这样的人生其实没有意义。

人的生命是很宝贵的，不能只为赚钱，或者用钱来衡量人生价值，最重要的是怎样帮助更多人创造更多价值，这样生命的价值才能充分地体现出来。

所以说，我做松赞其实不仅仅带着一种情怀，也是在追求自己的人生价值，也希望跟随我投入到松赞事业里的人都能实现一个较好的人生价值。因此，我觉得情怀这个词不一定能完全表达追求，人的追求应该是更深层次的，不仅仅停留在情怀上。

我做松赞已经18年了，我们一直追求一种好的文化交流。因为从人类发展的历史长河来看，文化的交融是必然的，现在无论是中华民族内部文化交流还是中西文化交流的盛况，都是有目共睹的。被动的交流是被各种潮流裹挟进去，理性的交融需要良好的交流来实现。松赞希望更多人对藏族和藏文化有深入了解，去正确看待这个民族和文化，也从藏文化中汲取养分，促进未来的文化交融。

展望民宿业的前景，在西方发达国家，旅游早已成为生活必需品。而随着改革开放以来，社会经济发展，旅游业才开始进入人们的生活。人们早期还是打卡观光式的旅游，随着生活水平的提高，旅行逐渐成为个性化的生活方式。人们开始考量通过一次旅行是不是能真正了解这个区域的地理及人文环境，能不能给自己的生命带来启发。

未来的旅游业会更依赖民宿行业，而且民宿行业发展得越好，越能促进旅游行业的发展，也能促进民宿行业自身的发展。我们也希望更多人通过民宿这个平台从不同地区的自然和文化里汲取更丰富的营养，最后希望佳乡学院越办越好！

松赞精品系列酒店创办人
白玛多吉
2019年3月

序 2

关于民宿的缘起，以及民宿的定义，一直众说纷纭。但是，这并不影响民宿走进人们的生活中。如果把有别于星级酒店、连锁酒店、商务酒店、带着经营者较为明显个人特色或当地风土人情特色的住宿空间统称为民宿的话，这个行业早已影响到千家万户。为了方便用户选择，途家网采用公寓、别墅、特色民宿这三大类及对应的二十几个小类对这个行业进行了区分。

近年来，随着社会经济的发展，人们消费观念的积极转变，促使游客每年以数倍的速度增长，对住宿空间和品质的需求也集中爆发。由于民宿整体上经营成本较低，经营方式灵活，可以集中经营，也可以分散经营，可以在乡村、郊区、景点经营，也可以在市内的小区和公寓楼内经营，符合新形势下住宿的个性化需求。很多民宿经营者也通过房费或二次消费获得不错的收益。在发展不错的区域，民宿行业在去库存、拉动旅游经济和产业链经济、带动地方就业、精准扶贫、美丽乡村建设等方面起到了重要作用。

国务院在 2018 年 9 月 24 日颁发的《国务院办公厅关于印发完善促进消费体制机制实施方案（2018-2020 年）的通知》中，明确指出"鼓励发展租赁式公寓、民宿客栈等旅游短租服务"。

蜂拥而来的旅客居住在城市和郊区的各类民宿客栈中，在促使出行和住宿领域迅猛发展的同时，也带来了一些问题，尤其是卫生和安全问题。卫生问题（包括保洁和生活用品等方面），随着行业经营者专业水平的普遍提高，正在得到有效的解决；安全问题，比如对从业人员和入住人员身份信息的核验，正在通过人脸识别、智能硬件等技术手段得到有效解决。民宿在未来也会给这个社会创造更多的价值。民宿人，加油！

途家网副总裁
李楠
2019 年 3 月

序 3

听闻佳乡学院的严老师准备写本书，我是一点都不诧异的，这是她三年来应得的收获。

初识佳乡学院，是 2016 年的冬天，当时渔唐也处于婴儿期，懵懵懂懂，不知何往。

没有关系，大家一起了解这个行业。我很惊讶于严老师这个团队的成长速度，从最初的简单游学，到与其他媒体的合作，再到与全国各地民宿的深度联合，最后竟然自己也做起了民宿，实操整个产业链条，时至今日，专注于政府端民宿提质升级的辅助工作。每两三个月一个变身的速度，是渔唐人看不懂的，当时，只能仰慕。

后来，随着沟通的增多，特别是 2018 年中期，我帮助佳乡学院做了两三期的管家培训课程，慢慢理解了佳乡学院的做事思路，也明白了它为什么发展得这么快、这么高效。

首先是对大势判断很准，每每领先行业半步。这取决于他们深耕行业，善于发现新动向，并善于思考，在这一点上，我很佩服佳乡学院。

然后是落地性强，在实战中不断总结，不断雕琢。说实话，搞游学培训的机构很多，佳乡学院的落地速度是相当快的，敢于尝试，敢于突破，这非常难得。

最后一点是专注。现代人很浮躁，企业也是，我见过太多的机构今天做这个，明天做那个，哪里热度高就往哪里凑，反而很难深入。而佳乡学院恰恰相反，他们非常专注于民宿这个新兴行业，从不同角度不断接触同一个行业。不仅仅是严老师，手下的员工也都慢慢成长为民宿专家，形成了一个非常高效的团队，着实让人羡慕。

舞台上所有的光鲜亮丽，一定有台下的辛苦努力。这个简单的道理，是民宿界从业者首先要学到并坚持的。佳乡学院做到了，严老师做到了，渔唐必须给个大大的赞。

目前佳乡学院进入了新的阶段，在民宿运营、民宿培训、政府端提质升级的辅助这三个方向上，建立了自己的品牌，展现出了良好的发展态势，恭喜，祝福，这是他们应得的奖赏。

渔唐在发展，佳乡学院也在发展，这个新行业也在慢慢绽放新的机会，未来的两三年，各个方向的优秀品牌，一定会呈现出来并得到市场认可。

所以，大家要一起走过，共迎未来。

渔唐精品酒店联合创始人
张纪伟
2019 年 3 月

前 言

中国近七成的土地在乡村，随着城市资源的不断紧缩，乡村土地的优势则愈发明显。乡村事业恰逢其时，大有可为。近几年乡村被炒得火热，众多业态的精英翘楚纷纷入场，百花齐放，百家争鸣，角逐乡村市场。

中国的风土人情在乡村，文化内核在乡村，家族传承也在乡村。可以说，乡村承载着中国人的面子和里子。十九大以来，国家将重心转移到乡村建设事业上来，对外界释放了鲜明的信号：乡村振兴刻不容缓，也必须由我们这一代开始。"田园的荒芜，会影响国人的家国情怀；乡村的败落，会阻碍中国文化的发扬。"

在乡村，除了土地，便是民宅。几代人的生活印记，几代人的奋斗历程，民宅参与其中，并扮演着重要角色。要振兴乡村，更要保护和传承乡村文化。民宿依托于民宅，通过对其改造，从而焕发新生。这不仅仅是对乡村业态的保护，更是对乡村印象的传承与弘扬。乡村民宿，本身就肩负着重要的使命。

佳乡学院研究中国乡村民宿及乡村文旅业态事业，始终专注乡村文旅业态中的民宿领域，从民宿的人才培训及输出着手，深耕乡村民宿业态的各项事务。经过近几年的发展，已然成为民宿业态的领航者。从民宿游学、公益论坛到管理者培训、政府峰会，佳乡学院在民宿业态的道路上越走越稳，越走越好。

根植于乡村民宿，也就承担了乡村民宿肩负的重要使命。佳乡学院始终在尽己所能，传承并弘扬乡村民宿的美与内在，并不断地做更多层面的新颖的尝试，为乡村振兴事业奉献力量。这一目标符合现今国家乡村振兴的战略布局，符合民宿行业的发展需要，符合人们的根本追求。

众人拾柴火焰高，做乡村事业需要团结一致。乡村振兴的道路上，并没有成功的经验或者案例，所有的从业者都是摸着石头过河，因此更需要我们携手互助，互相搀扶。在乡村建设的道路上，我们不仅是给予者，也是受益人。佳乡学院愿意携手众多的乡建同仁们，一道建设好美丽乡村，向世界展示中国的美丽乡村。在此感谢收录在此书中的 20 家中国经典品牌民宿在采访过程中提供的各类帮助，以及提供各自的民宿图片用以本书出版。

佳乡学院

2019 年 3 月

CONTENTS 目 录

辑一 云南品牌民宿

没有在地化文化,就没有松赞 —— 松 赞 —— 003
从"极致美"到"久处不厌" —— 千里走单骑 —— 013
坚守在地化文化,做最真的"我宿" —— 阿若康巴 —— 023
阳朔十里画廊里的"民宿担当" —— 月 墅 —— 029

辑二 川湘品牌民宿

那些骨子里的中国风 —— 隐庐 —— 037
民宿情怀下的理性架构者 —— 既下山 —— 043
从乡间小住出发的民宿众创梦 —— 小住 —— 051
从游子归乡的民宿情怀到乡村的可持续发展 —— 五号山谷 —— 059

辑三 北方品牌民宿

资本化运作下的连锁品牌民宿 —— 山里寒舍 —— 069
每座废弃的农宅,都曾是一家人的宫殿 —— 隐居乡里 —— 075
生而不完美,但每天都在进步 —— 渔唐 —— 081

辑四 浙闽品牌民宿

那些让人一见倾心的经典服务 —— 西坡 —— 087
出众不从众,民宿界的颜值担当 —— 大乐之野 —— 095
一个民宿带火一座城 —— 过云山居 —— 101
那些互联网大佬打卡的网红民宿 —— 三生一宅 —— 107
从小而美的民宿到大大的"乡村活化"梦想 —— 墟里 —— 113
你来,我把星辰大海的故事分享给你听 —— 有棵树 —— 121

辑五 徽派品牌民宿

"连锁不复制"的民宿梦 —— 山水间 —— 129
一个"斜杠中年"的梦想家园 —— 墅家 —— 135
苏辙38代后人的文化逆袭 —— 澍德堂 —— 143

辑一

云南品牌民宿

从大理到丽江,再到迪庆,这条线被称作"云南旅行黄金线",也是我国重要的民宿集中区域之一,与莫干山、北京并列为我国"三大民宿圈"。这片区域的魅力在于,有无数具有情怀的人,有极致的名胜景致,有独特的文化,这也是吸引全国游客纷至沓来的主要原因。在这里,民宿不仅是供人休憩的场所,也是圆梦的空间。

01 松赞 /02 千里走单骑 /03 阿若康巴 /04 月墅

布达拉宫景观套房：透过窗户就能看到远处的布达拉宫

松赞　藏区文化的一种载体
18 年深耕藏区缔造出的松赞民宿
民宿从业者都敬仰松赞
标准化与非标准化的完美结合
总要走一趟才能了解民宿在地化的重要性

沐浴在夕阳余晖中的松赞林寺

[01] 没有在地化文化，就没有松赞

松赞

相信多数经历过松赞游学的学员大多会有这样的体会：在松赞游学完毕时感到恋恋不舍。这不仅是因为大家沉醉于三江并流的美景，更是因为大家被松赞系列酒店的内在所感动。

太多人在朋友圈中慨叹"五岳归来不看山，黄山归来不看岳，走完松赞就掉进了民宿的梦"。走过了松赞，大家内心就惴惴不安了，因为见过了高山才发现自己的渺小。一起经历过松赞游学的学员会有同一种反馈：就像刚刚经历了一场恋爱，甜蜜的、忧伤的、不舍的、难忘的……如同恋爱之后的感觉。

松赞是如何让到此游学的学员产生恋爱的感觉，又有哪些

松赞·香格里拉林卡窗外景观

松赞·香格里拉林卡室内

松赞·香格里拉林卡前厅接待处

松赞旅行生态环线游

让人流连忘返、不舍得离去的地方呢？现在，让我们走进松赞，了解松赞民宿的真谛吧！

太多人因情怀而做民宿，可以说，做民宿的人或多或少都是有情怀的。这些人有对于"一所房子，面朝大海，春暖花开"的追求，想要过一种除却城市快节奏生活以外的、符合心中诗和远方的生活。所以，情怀是拉近民宿主和客人情感的重要纽带。

从情怀到信仰的升华

松赞之所以能够让入住的客人流连忘返，甚至不惜时间、金钱再次入住，是因为松赞不仅向客人输出了大家所向往的情怀，还将这种情怀变成了信仰。

松赞·香格里拉林卡大堂

松赞·丽江林卡客房

松赞·奔子栏精品山居书房

挖不走又培养不了的人

在游学过程中，我们和松赞团队多次接触，从创立者白玛多吉先生到言语不多的松赞司机，凡是提到松赞，他们的回答都是一致的："要让人快乐。"

在和松赞每家店面的服务人员交流时，他们都会这样答复："您提出的任何要求，我们都会想办法去满足。"或许，白玛多吉先生的信仰就是"让自己快乐的唯一办法就是让别人快乐"，而这个信仰已经深深根植于松赞人的灵魂中。

在此次游学的学员中，有20多人是（准）民宿主。当看到松赞酒店的服务人员脸上诚挚而又淳朴的笑容时，我们发现这并不逊色于迪拜七星级酒店的贴心服务和服务意识，众多学员信誓旦旦地说："以后我就得按这个标准招聘，民宿中最稀缺的就是这样的专业人才！"

在游学过程中，有学员试图在与松赞服务人员的沟通过程中进行人才挖掘，"姑娘，你在这儿的工资高吗？要不要去北京的民宿当店长？"但松赞服务人员的回答彻底打消了他们挖人的念头，"松赞就是我的家，我不会离开，我还有家人要照顾。"

松赞·丽江林卡庭院

松赞·奔子栏精品山居外景

松赞酒店雪山景观

传说中的极致服务

松赞的服务人员，不仅具有真挚、淳朴的笑容，还具备专业的工作态度。通过对比，让游学的学员认识到，原来服务的标准可以这么高，专业化的服务态度这么重要。可以说，松赞的服务理念让这些外来取经的学员彻底折服了。

不断有人向笔者询问，为什么每个去松赞的人都会感动，松赞酒店的照片也就那样，并没有什么出奇的地方。在这里笔者要回答的是，松赞提供的是一种需要体验后才能理解的极致服务。

细节决定命运，比如在我们刚刚到达松赞塔城的时候，管家就拿来了松赞标配的千层底布鞋让学员换上。当笔者从房间出来准备下楼吃饭时，又看到服务员在认真地清理每个学员的鞋子——先是用布轻轻擦去鞋上的泥，而后将布面的鞋全部吹干，将皮面的鞋擦上鞋油。

在松赞停留的日子里，让学员真正体会到了什么叫做细致与极致，而在学员即将离开之际，这种感动最终化成了依依不舍之情，也使松赞成为每个学员心中念念不忘的民宿圣地。

松赞总经理知诗七林在为学员分享经营经验的过程中不断

松赞·丽江林卡烧烤露台

松赞酒店在地文化的艺术形式：尼西土陶

强调："没有在地化旅行，就没有松赞。"而在具体的数据中，松赞的旅行服务消化掉了 70% 左右的间夜。松赞向我们传递了这样的理念：民宿，不仅是解决居住问题的一种手段，更多的则是主人生活方式的传递与表达。

在松赞酒店的体验中，藏区绝美的风光加上民宿的优质服务体验，让众多未曾见过藏区风光的人们沉醉其中，由此，松赞也被媒体誉为"一生当中必须要去一次的地方"。

在地化旅行路线定制

标准化与个性化的结合

酒店的特点是标准化，而民宿的特色是个性化。这是住宿行业中对酒店和民宿的重要认知。但在这个跨界的时代，如果有一家民宿兼顾了标准化和个性化的特点，就会让人产生更多的遐想空间。

当我们的学员在享受松赞无微不至的个性化服务时，patirc 谈到了松赞服务的 21 个要诀。像"愿景价值观"等在企业中经常提到的词汇，也是松赞在经营中重点强调的。而在愿景、始

松赞·绿谷精品山居外景

松赞·绿谷精品山居室内

人迹罕至的绝美建筑

终如一、细节等21个要诀的要求下，松赞更强调给客人带来"回家一般的感受"。

"无限风光在险峰"，风景秀丽处总是人迹罕至。在松赞系列酒店中，除了松赞·绿谷精品山居和松赞·丽江林卡之外，其他民宿都开在人迹罕至处——除了少数背包客，大部分人都要接受松赞的旅行定制服务才能到达。在与世隔绝的松赞·塔城山居，在梅里雪山触手可及的松赞·梅里精品山居，在拥有传奇教堂的松赞·茨中精品山居，在普通人很难到达的地方，松赞居然盖起了建筑和服务都堪比五星级酒店的民宿，这怎能不让人感动？

在大部分的民宿中，有故事、有酒就可以吸引一群志同道合的人。白玛多吉先生与学员分享时说道："生命是无始无终的，什么事情都不用那么着急，也不必太过患得患失，坚持做每一件你认为正确的事情。"对此，我们也深有同感。但是，正是

松赞·绿谷精品山居大堂

松赞·梅里精品山居书吧

辑一 云南品牌民宿

松赞·绿谷精品山居大堂一角浓郁的藏地文化

松赞·塔城山居大堂

松赞·塔城山居服务人员

造梦师传递梦想的力量

因为生命的无始无终，才使其更有意义。或许，这也是松赞坚持了18年并一直坚持做民宿酒店的重要原因吧。

全国至少有几万家民宿，而让大家记忆深刻的民宿又有多少呢？或许媒体人做的民宿更有优势，因为它天然具备讲故事、做运营、交朋友的基因。民宿大多是美好生活和故事的载体，每个民宿或多或少都有其独到的内容和特色。能够把故事讲得出神入化，使人魂牵梦萦的民宿，有过云山居、山楂小院、宛若故里等网红民宿。

在我们所听到的声音中，既有去过松赞对其赞不绝口的游客的故事，也有松赞造梦者们的故事。比如白玛多吉先生的媒体人故事，知诗七林、洛桑的高校求学经历等。他们没有选择外面世界的浮华，而是回归家乡，做着他们认为正确的事情。这或许就是由松赞所营造的，令人难以忘怀的故事——一个关于在地化的故事。

千里走单骑·杨丽萍艺术酒店夜景：点点灯光点缀的浪漫之地

辑一 云南品牌民宿

每个民宿都是民宿主心中的最美宫殿
但千里走单骑不仅美在民宿主心里
也是每个客人心中的最美花园
筑址在绝美地段的千里走单骑
就这样美成民宿行业的传奇

千里走单骑·杨丽萍艺术酒店

[02] 从"极致美"到"久处不厌"
千里走单骑

当时间追溯到2005年，炒房客们还没有意识到房子将是他们最值钱的财产，文艺青年也还沉迷于流行摇滚和星巴克之中时，对于"诗和远方"的追求远远不如当下火热。在那一年，丽江古城的旅游业刚刚起步，无论是原住民还是外来的文艺青年都不会想到，这个边陲小镇将来会发展成举国闻名的旅游胜地。

说到千里走单骑，就不能不提李一兵。2005年，千里走单骑品牌在云南成立，被民宿行业誉为"帅才"的李一兵在那时就展现出独到的眼光。千里走单骑的主营业务都和旅游产业息息相关，2005～2009年，千里走单骑抓住了发展机会，与快速成长的云南旅游业相伴相生。在旅游业的高峰期，千里走单骑

千里走单骑·六和酒店

千里走单骑·杨丽萍艺术酒店大堂

千里走单骑·杨丽萍艺术酒店客房

千里走单骑的发展

结缘杨丽萍艺术酒店

运营的住宿、餐饮、休闲娱乐场所多达 29 个院落,从创业到扩张一气呵成。在最初的四年中,千里走单骑经历着和其他众多民营企业一样的野蛮生长阶段。幸运的是,千里走单骑在最短的时间内找到了企业发展的方向,积累了大量与旅游、度假业态相关的运营经验。

2009 年,千里走单骑·杨丽萍艺术酒店正式开业,凭借杨丽萍的个人 IP、洱海的绝美景色、优秀的建筑带来的艺术价值,以及此项目的精准定位和完善的运营管理,千里走单骑·杨丽萍艺术酒店的业绩直至现在仍然没有民宿能够超越。如今,千里走单骑·杨丽萍艺术酒店已转变为杨丽萍艺术空间,以便让更多的游客可以观赏到这座精品酒店中的艺术珍品。

千里走单骑·杨丽萍艺术酒店单间客房的日房价在 5000 元以上,并且一房难求,单房的年收益可达 200 万元,秒杀众多民宿及精品酒店,创下了行业内的一项纪录。

在很多人看来,入住千里走单骑·杨丽萍艺术酒店已经成为来洱海必须进行的仪式,而这种由情怀引发的商业成功也是最具感染力的。或许,正是千里走单骑·杨丽萍艺术酒店引领了洱海边上各类民宿客栈的兴起。

千里走单骑·杨丽萍艺术酒店露天茶歇

千里走单骑·杨丽萍艺术酒店艺术摄影

民宿集群化发展

千里走单骑选址的标准之一是绝佳的风景,无论是云何住还是六和酒店,都坐落在洱海边,拥有绝美的海景。如今,因政府整顿洱海周边环境,千里走单骑的经营受到了很大的影响。在打造高端住宿品牌的过程中,如果没有因洱海环境污染而被整改,千里走单骑的发展之路会更加顺畅。超高的现金流及回报率,也会使其发展得更加迅速。因此,在经营实体企业前一定要充分考虑当地的政策因素和环保因素。

经过 2017 年的民宿行业整治后,千里走单骑的创始人李一兵首次在行业内提出"民宿群落"的概念。被民宿业内誉为"帅才"的李一兵,在逆境中力挽狂澜,其"民宿群落"的概念不仅从"美"的角度出发,更是基于单体民宿的痛点,在追求绝美景致的同时开始真正的返璞归真。

在选址方面,李一兵调整了自己的想法:首先,选址区域的游客量要在 150 万人次以上;其次,要有可供欣赏的极致景观,比如千里走单骑·乐山就居于岷江、青衣江、大渡河三江交汇之处的乌尤离岛上;最后,要确保有 6 ~ 8 个月的旺季经营周期。

千里走单骑·六和酒店外景

千里走单骑·六和酒店客房

千里走单骑的核心武器

2017年的千里走单骑,也将自身的追求变更为"乍见之欢,不如久处不厌"。这样的久处不厌,在人与人之间,是性格的契合和价值观的统一;在人与居所之间,是舒适感和身心的放松。入住的客人多来自城市,他们需要充足的猎奇场所,但也需要熟悉的舒适空间。推开窗,迎面而来的是新鲜的风景;关上门,身后是熟悉的温暖床铺,这才是消费者所需要的。

因此,千里走单骑开始着眼于文旅小镇和民宿内容的研发,而"民宿群落"则是李一兵做出的战略选择。因为单一民宿品牌的力量终归是有限的,单店布局无法做到规模效应,相应的配套设施也难以尽善尽美。而迟缓的发展速度,不能满足用户日益高涨的需求。因此,李一兵认为:"最好的办法就是抱团取暖,让效益最大化。"民宿集群化是业态发展的必然趋势。

跑得快的人不一定跑得久,而跑得久的人一定懂得坚持。2017年,李一兵联合业内十多家民宿品牌发起了"民宿群落联盟",共同搭建渠道资源,将餐饮、艺术、生态农业等上下游配套业态均列入其中,并以文旅小镇的形式将群落完美落地。

千里走单骑·六和酒店天顶造型

千里走单骑·六悦酒店外观

千里走单骑·六悦酒店客房

在笔者与李一兵的交流中,李一兵表示"主人文化"是他考虑得最多的问题。只有民宿经营者才能将民宿的非标性质发挥到极致,而其中的"跨界店主"最具有吸引力,比如从事传媒或音乐等不同领域的工作者,都能给消费者带来不一样的体验。

李一兵也曾经奋战在一线,是一名优秀的民宿经营者,对于服务有着最真切的感受。因此,在千里走单骑的经营中十分重视服务,致力于将其打造成最具有温度的民宿,除了提供围绕住宿所需的服务之外,千里走单骑也会根据当地文化推出一系列定制体验,如骑马、徒步、射箭等活动,让客人的多元化度假需求在这里得到满足。

除了最重要的民宿文化,标准化的后台管理亦是民宿能够长远发展的基础。把前台的非标和保障舒适的后台标准服务相结合,是千里走单骑的一大管理特色。根据千里走单骑的官方数据显示:从项目选址、设计研发、工程软装、运营筹备到正

千里走单骑·六悦酒店海景房休闲区

千里走单骑·六悦酒店大厅休闲区

千里走单骑·六悦酒店夜景

从艺术酒店到文旅小镇

式运营，每个项目需要经过13个维度、19个科目的选址评估，10轮以上的实地勘察，260多项的试住审核。正是这一系列的严格流程把控，以及标准化的管理，才能支撑和保障前台的服务。

而李一兵最看好的，也是其认为未来民宿盈利的重点——文化艺术。他强调，民宿是自带文艺基因的，要把这种价值发挥到极致。李一兵在各个民宿集群中都预留了艺术家工作室和展示区的位置，并邀请艺术家入驻，让他们在这个空间里尽情地创作，给予相应的酬劳，为今后各个小镇的文化艺术业态储备人才。在千里走单骑最新打造的千里走单骑·乐山中，就设置了小型美术馆，使客人在度假住宿的过程中，可以获得文化艺术所带来的精神享受。

随后，千里走单骑以精品民宿为切入点进入文旅产业，并基于多年文旅产业的经营管理等经验，为企业端用户提供从选址、项目策划、规划设计、施工，以及硬软装、招商、运营、营销等全链条文旅小镇整合运营服务。

辑一　云南品牌民宿

千里走单骑·六悦酒店外景

千里走单骑·雪山庄园外景

千里走单骑·雪山庄园夜景

千里走单骑·雪山庄园休闲区

目前,千里走单骑在莫干山、无锡、北京、武夷山的四个以精品民宿为主体的文旅产业小镇已经落地,洽谈中的项目多达 30 个。这些文旅小镇中有 10～20 家不同的民宿,每个项目都有文化艺术、休闲农业、家庭亲子等不同的支点,以吸引不同时期的不同客源。在经营主题上,节假日定位于亲子度假,周日至周四则以会议、团建为主。

截止到 2019 年,千里走单骑经历了 14 个春秋。而创始人李一兵,早已在大文旅行业浸润多年。从刚开始的住宿、餐饮到创造奇迹的杨丽萍艺术酒店,再到全国布局的文旅小镇,千里走单骑走出了一条从多业态单体到精品民宿,再到民宿群落、文旅小镇整合运营商的全路径。而有心之人,或许能从中窥见民宿发展的风雨历程。

千里走单骑·雪山庄园院落

千里走单骑·雪山庄园

千里走单骑·云何住酒店禅坐区

阿若康巴·香格里拉南索达庄园外部经幡

云南的好民宿繁若星辰
似乎全国的文艺青年都在云南开了一间民宿
但其中最让人念念不忘的 不是文艺青年的他乡情怀
而是藏族人开的当地文化特色民宿
比如松赞
比如阿若康巴茶马古道民宿

阿若康巴夜景

[03]　坚守在地化文化，做最真的"我宿"

阿若康巴

阿若康巴的创始人是扎巴格丹，他的父亲是一直坚持在茶马古道上的拉朵（马帮向导）。在16岁之前，扎巴格丹一直在印度学习佛法，还做过7年的喇嘛，受到了多种文化的熏陶。也是在那段时间，扎巴学会了英语、印度语和巴基斯坦语。

16岁时，扎巴在父亲的带领下回到了家乡，第一次见到了父亲挂念的雪山和草原，也第一次见到了从未谋面的亲人。在这里，扎巴终于理解了父亲的乡愁，也感受到了家的温暖和重逢的喜悦。

回国后，精通多种语言的扎巴继承了父亲的拉朵事业。父亲常常给扎巴讲马帮的故事，在父亲的讲述中，马帮是各种文

阿若康巴·香格里拉南索达庄园餐厅

阿若康巴·香格里拉南索达庄园客房

阿若康巴·香格里拉南索达庄园公区

化交流的大平台,沿途的客栈和马帮建立了相伴相生的信任关系,而金达(布施者)则向当地居民进行捐赠、修路建桥……这一切也让扎巴深为感动。也在那段时间,扎巴决心成为一名"金达",更多地传播和保护本土文化,为家乡做点事。

为了实现这个梦想,扎巴在奥地利和美国系统地学习了旅游专业。在这段学习过程中,扎巴更像是一个文化大使,他不遗余力地向周围人介绍着香格里拉的文化和藏区人民的信仰。

学成归来后,扎巴决定在香格里拉做一个展现藏文化的民宿。或许,有趣的灵魂终将相遇,一位当地人慷慨地将自己的祖屋借给扎巴做民宿,这一做就是20年。而这位当地人的要求只有一个,就是要把这里做成藏文化的体验和传播中心。

于是,阿若康巴·香格里拉南索达庄园,也就是扎巴的第一家民宿,就这样开起来了。走进香格里拉南索达庄园,一段长长的廊道直达藏式风格的前台。两边下沉的地方是品下午茶的区域,每天下午住店客人都能在这里享用免费的糕点、果茶、普洱等。

藏文化的
终极守护和传播者

越往里走,藏式的元素越多,佛像摆设、背景印花、雕刻、色彩……然后客人会收到员工送上的洁白哈达和暖暖的姜茶(藏

阿若康巴·香格里拉南索达庄园服务场景

阿若康巴·香格里拉南索达庄园客房

阿若康巴·香格里拉南索达庄园过道一角

民迎接客人的仪式）。

  香格里拉南索达庄园的院落就像一个独立的藏式风情小世界，17间客房被分别安置在四栋不同的木屋里，三层阁楼的套房最有特色。用充满手工艺感的钥匙打开古老、沉重的门锁，推开门，客房便呈现在眼前。满满的藏式装饰在这里随处可见，因为这里原本就是当地人的家。

  2013年前，扎巴的主要工作是文化传播和拉朵，对于如何运营民宿并没有太多的经验。但自从做民宿之后，扎巴就决心要把民宿经营当成一份事业，希望在当年马帮走过的茶马古道上开设更多的民宿。2015年，阿若康巴的第二家店的选址是束河古镇（也是茶马古道的开端），不同于阿若康巴·香格里拉南索达庄园的浓烈藏式风格，束河古镇的阿若康巴是创新后的纳西民居，和当地文化结合得更加紧密。

  随着扎巴在世界各地不断传播茶马古道的独特文化，越来越多的文化、旅游、民宿爱好者不远万里来到这里，和扎巴交流藏文化、民宿的发展等，每个人都看见了自己心目中的阿若康巴。而扎巴，也在这两家民宿的基础上，开始了更多的民宿布局尝试。2015年，阿若康巴·纳帕海开始进行设计；2016年，

阿若康巴·香格里拉南索达庄园夜景

香格里拉帐篷酒店建成；2017年，丽江和香格里拉茶马古道上的"尼仓"项目被提上议事日程；2020年，这些民宿都将逐渐成为藏文化传播最好的载体。

不仅如此，阿若康巴这个品牌也很好地诠释了扎巴的理念。在藏语中，阿若康巴的意思是"来吧，朋友"。扎巴的其他文化布局都是为了更好地保护和传播藏文化，早在10多年前，扎巴就创办了唐卡学校。

阿若康巴·丽江南索达庄园客厅

致力于开发自己的家乡

学校自开办之日起，从未向学生收过一分钱，而且还为所有的藏区学生提供包吃、包住的服务，唐卡学校还配备了两名全职老师和几名兼职老师。在扎巴的心中，10多年的公益教学只是表象，更重要的是，只有通过这种文化传承才能更好地保护当地的文化。在阿若康巴民宿的商业运作和布局中，投资回报率都很高，扎巴把这些收益都用在了公益事业和带动当地的发展上。

阿若康巴·香格里拉南索达庄园壁炉客房

阿若康巴·香格里拉南索达庄园餐厅

阿若康巴·香格里拉南索达庄园瑜伽房

阿若康巴·丽江南索达庄园客房

扎巴的家在称尼村，是藏区一个普通的小村庄，虽然这里离城市不远，却保留了最原始的味道。村民的房子依旧是古老的藏式土屋，青稞架子上堆积着过冬的粮草。整个村子只有几户人家，从远处看是一片熏黄的平坦。如果没有扎巴，这个村子应该就会像其他很多无名小村一样埋没在广阔的藏区。

扎巴心中一直有一个梦，那就是带着全村的人一起发展。2015年，扎巴通过多种途径找到了"背包十年"的小鹏，他想在自己的家乡也打造一个这样的项目，让更多的年轻人来到这里，了解自己的美丽家乡。如今，"背包十年"办起来了，原本无人问津的小村子也渐渐有了人气，慕名而来的背包客、游学的国外青年，都来到了这个地方，扎巴通过自己的努力带动了自己家乡的发展。今年，扎巴还特别成立了阿若康巴文化产业发展有限公司来保护当地的文化产品，他说："如果再不行动起来，传统手工艺品就要越来越少，甚至消失了！"寻根，扎根，通过民宿奉献，带动家乡发展，以民宿为载体来保护当地的文化产品。每个从业者都有实现情怀的初心，在民宿发展中真正带动一方乡民的发展，保护当地的文化和手工艺。或许，这就是民宿最大的情怀，也是民宿事业长久发展最重要的缘分。

月墅·阳朔十里画廊店 logo 墙

桂林山水甲天下，阳朔山水甲桂林。
李火有立志将月墅打造为阳朔民宿的名片。
别的民宿有的，月墅要比别人做得更好；
别的民宿没有的，月墅要让别人三年之内赶超不上。

月墅·阳朔十里画廊店全景

[04] 阳朔十里画廊里的"民宿担当"

月墅

对每个中国人而言，桂林山水是上学时就耳熟能详的经典风景。所以在这样的认知中，似乎每个人都有一次出游桂林的旅游计划。

桂林游时，一个小小的目的地便能让人印象深刻，阳朔月亮山便是让人念念不忘的小小目的地。尼克松夫妇就曾在月亮山上感叹："上帝给阳朔的太多了。"为了将阳朔打造成为民宿圣地，李火有远赴大理、丽江、莫干山考察学习，开始真正思考农家乐和民宿之间的相同点和区别。念念不忘，必有回响。立志要做最好民宿的李火有花了大半年时间思考民宿转型和升级，从月圆山庄到月墅，虽然在硬件改造上只花了几个月时间，但是为了月墅的诞生，李火有团队却付出了太多太多。

月墅·阳朔十里画廊店入口一角

月墅·阳朔十里画廊店水系区域

笔者询问阳朔民宿协会党支部书记、阳朔县民宿协会副会长陈朔勇关于他心目中最好的阳朔民宿时,陈会长给出了中肯的答案。阳朔民宿分为三种类型:第一种是以建筑硬件取胜,建筑本身很有特色;第二种则是主人情怀浓厚,老板娘精通琴棋书画,让客人印象深刻;第三种则有非常好的山水景观,同时又有良好的软硬件设施。月墅应该就是第三种民宿的代表。自从创始人李火有对"月墅"进行定位后,便开始了全国民宿的游学之旅。而在和莫干山民宿人沟通过几次后,李火有的心被深深地刺痛了,因为一位莫干山很资深的民宿主说:"在莫干山兴起之前,莫干山民宿主都是去阳朔取的经。"也正是这句话,让李火有燃起了熊熊斗志。

月墅·阳朔十里画廊店外观

月墅·阳朔十里画廊店艺术雕塑

月墅·阳朔十里画廊店泳池

"阳朔山水甲天下",无论是自然景观还是人文环境,甚至客流量都比莫干山强很多。为什么莫干山民宿全国知名,而阳朔民宿却鲜为人知?痛定思痛之后,李火有定下了一个宏伟目标:将月墅打造成为阳朔民宿的一张名片。而且,为了将这个目标具象化,李火有团队定下了两条原则:别人有的,我们要比人家做得更好;别人没有的,我们要让别人三年之内赶超不上。

于是,整个团队开始了激烈的头脑风暴,从硬件到软件都有了更多可以考量的标准。而最为人称道的是,月墅成了阳朔地区第一家有地暖的民宿。床、布草、易耗品等都采用国内五星级酒店的标准。卫浴、洁具全部是科勒品牌,并配备智能马桶盖,连毛巾架都是科勒品牌的加热毛巾架。一系列的硬件升级,让来到月墅的客人有了更多的惊喜。

深度拆解 20 个经典品牌民宿

月墅·阳朔十里画廊店入口

月墅·阳朔十里画廊店水系一角

那些让人念念不忘的"懒人模式"服务

而月墅的硬件升级之路还远远没有完成，无边泳池、山水花海、可容纳 60 人的多功能影院会议室、360 度全幅景观私家庭院、田园星空套房、浴池影院也在一年左右的时间内纷纷投入使用。月墅，终于成了李火有想象中的样子。而月墅在成为阳朔名片的过程中，硬件只是基础，民宿温暖氛围的营造和民宿管理者的培养，是李火有最重要的任务。

如何让服务温暖客人的心窝？月墅提出了"懒人服务"模式，这种模式非常具体而且有章可循。从客人预订下单开始，到客人离开月墅为止，月墅在全过程中都会提供贴心周到的管家服务，而且还会根据天气情况给客人发送出行信息，给予人性化的推荐和建议。

月墅·阳朔十里画廊店 logo 墙

月墅·阳朔十里画廊店艺术雕塑

月墅·阳朔十里画廊店公区

辑二
川湘品牌民宿

少不入蜀，老不出川，这应当是一种人生哲学。锦城自有一种美丽，让人流连忘返，忘了归路。而四川大地的多样性，呈现出的奇伟、瑰怪，更能满足人的猎奇心理。凤凰的水，张家界的山，山和水的结合，造就了湘西大地的极致风水。宿在这里，推开窗，映入眼帘的就是这里的山山水水，脑海边萦绕着《边城》故事。

05 隐庐 /06 既下山 /07 小住 /08 五号山谷

隐庐·晴澜堂隐庐别院外立面

隐庐，以华夏五千年文明为经
以中国广袤大地为纬，纵横编织出盛世中国的心灵居所
无论是栖居于绝美山林
还是身处繁华街巷
每一家隐庐酒店都将传统文化与自然恩赐融为一体

隐庐·什邡半山隐庐酒店雪景

[05] 那些骨子里的中国风

隐庐

"把最美的中国呈现给世界"，这是隐庐经典的广告语。自成都第一家隐庐民宿开业以来，便以这样的"美"闻名于成都民宿业态，成为美学代表的新标杆。正因为第一家民宿在成都开业，外界的人便都认为隐庐的总部在成都。

但事实上，隐庐的总部位于北京。2012年隐庐即将正式启动时，隐庐负责人认为北京的市场环境尚未成熟，民宿市场还没有形成，而素有休闲之都的成都，风景秀美，生活闲适，是可以展现中国美的好地方。

2015年，苏州的同里别院和晴澜堂成为苏州民宿的标杆，凭借苏州园林景观的美誉，同里别院和晴澜堂的中国风着实让

隐庐·什邡半山隐庐酒店外景

隐庐·隐庐别院晴澜堂

把最美的中国呈现给世界

罗丁
建筑世家和赛车手的民宿世界

客人感受到了中国建筑该有的美态，如同隐庐的标语：无论是栖居于绝美山巅，还是身处繁华街巷，每一家隐庐酒店都将传统文化与自然恩赐融为一体，展现天地大美，还真我之从容。

每一家隐庐看起来都不一样，无论是成都、苏州还是后来布局北京的隐庐，每一处隐庐都充分结合了当地建筑文化，呈现出中国独有建筑之美。可以说，每家隐庐的外观都位居民宿行业的前列，而且什邡半山隐庐酒店的问世，很快就进入了全国经典民宿的行列。寻求全国最美目的地的自媒体平台"一条"也将什邡半山隐庐酒店作为重要目的地进行报道。

隐庐对建筑外观的极高追求和它的创始人有极大的关联。隐庐品牌的创始人罗丁，出身于建筑世家，父母均为建筑大师梁思成的弟子。从小的耳濡目染，让罗丁对中国建筑之美有了切身的感受。而在后来的工作过程中，建筑设计和工程也成了罗丁的第一选择。

在这样的工作经历中，成都太古里众多商业空间的设计与工程，让罗丁的审美与更多的落地项目有了交集。或许在这个阶段，罗丁内心隐约已经有了做小而美空间的意识。但这些都还只是从供应端的角度出发，真正让罗丁的隐庐思维脱颖而出

隐庐·隐庐别院晴澜堂客房

隐庐·隐庐别院晴澜堂客房

隐庐·隐庐同里别院

组建正规军
征程星辰与大海

的是他的另一个身份：赛车手。

大概在2008年，罗丁迷上了赛车，开始和全球顶级赛车手同台竞技，这样的经历让罗丁更加了解全球顶级玩家的需求。如果从建筑的角度出发，为这些顶级玩家服务的话，应当提供什么内容呢？于是民宿业态开始进入罗丁的思考——无论身在何地，总有一拨人需要顶级的产品。

而兼具建筑师和赛车手身份的罗丁，最有把握的事情就是提供美的建筑空间，于是小而美的民宿便成了罗丁的选择。在开始为隐庐选址之前，罗丁就制定好了选址规则：私密性要足够好，以适合全球顶级玩家的需求；无论在何地选址，都必须打造为当地的经典品牌民宿，可以为小众提供更多专属服务。有了具体的整体规划后，还需要合适的人才参与到民宿的营建当中，这样才能让民宿经营真正成为一个事业。如何选择合适的人才？罗丁倾向于正规军的搭配，经过多方面的考察和寻找后，曹立意和沈峰成了罗丁在民宿板块的合伙人，而这两个人，都是典型的正规军。

隐庐·隐庐别院晴澜堂书房

隐庐·隐庐同里别院会客茶室

隐庐·隐庐别院晴澜堂外立面

曹立意，曾就职于万达集团，全面负责万达集团酒店的选址和营建。曹立意的加盟，让隐庐民宿的经营有了更多的专业战略。因此，在2014年成都第一家隐庐成立之后。短短4年时间内，隐庐同里别院、隐庐别院晴澜堂、什邡半山隐庐酒店、阿那亚隐庐、阿那亚隐庐山房、森之谷隐庐山房、饮马川隐庐山房便一一问世，无论哪一家民宿，都已成为当地民宿的重要代表。而沈峰，最擅长的就是酒店运营，具有多年的五星级酒店运营经验和人脉积累。而这些人才，保障了隐庐民宿板块的整体布局。在三人初步布局民宿的过程中，重运营甚至托管运营就成为隐庐发展的重要特点。因此，即便在前期的选址任务极其艰巨的时候，沈峰依然将运营当成了最重要的事。

找到合适的人才，并运用标准化的五星级酒店管理方法进行人才的培训和管理，全方位保障了隐庐品牌服务方面的稳定性和舒适性，而隐庐则将人文关怀重点放在了每一任店长上。在隐庐，每位店长都可以尽情发挥自己的独到长处，在公司要求的80%标准化的基础上，剩余20%的温度感则让店长去发挥。

辑二 川湘品牌民宿

隐庐·隐庐同里别院绿植

隐庐·隐庐别院晴澜堂角亭

隐庐品牌民宿板块的战略布局

经过四年的专业运营，隐庐业已兵强马壮，三个合伙人的磨合也越发默契、顺畅。随着近几年的发展，全国的民宿业态也渐渐地呈现出如火如荼的发展态势，从最初的云南、江浙地区蔓延到全国各地。隐庐品牌的民宿板块布局也越发清晰，直营民宿保障人才，托管运营民宿则攻城略地。直营民宿保障了隐庐民宿的品牌价值，而托管运营民宿在隐庐品牌和人才的保障下，也加快了隐庐全国布局的速度。

在隐庐的全国布局过程中，最先起家的成都隐庐功不可没。由此，川滇藏成为隐庐布局的第一个板块；苏州隐庐同里别院和隐庐别院晴澜堂的成功也让环太湖圈成为隐庐布局的第二个板块；当然，北京作为隐庐公司的总部，随着北京周围民宿的发展，大北京圈也成为隐庐布局的重要场所。无论是阿那亚隐庐还是2018年年底开业的森之谷·隐庐山房，都在北京商圈内。诚如所有隐庐人都心心念念的一样：要把中国的美呈现给世界。

既下山·大理沺尘精品设计民宿夜景

既下山·大理洱尘精品设计民宿

既下山和以讲情怀为主的民宿不太一样，它们甚至更愿意用酒店来界定自己，为此它们把满足客人舒适度的硬件当成了前期最重要的来考虑。10多年的各种酒店创业经验，让既下山有了千年磨一剑的底气和慢慢来……

[06] 民宿情怀下的理性架构者

既下山

　　既下山是新兴的民宿品牌，2017年建成的既下山·大理古城店是既下山品牌的第一家店，至2018年年底，既下山品牌正式营业的民宿就已经有了三家，分别是大理古城店、沙溪古镇店、梅里雪山店。

　　既下山品牌在未来两三年内，将于青城山、泸沽湖、重庆、昆明、北京、景德镇、黄山、安吉等旅游目的地成立十多家民宿。能否在短时间内完成这10多家精品民宿的布局，很大程度上取决于一个成熟公司的整体战略。

　　虽然既下山在2017年才建成第一家民宿，但它的母公司"行李旅宿"却有六年多的酒店运营经验，而创始人赖国平在酒店

既下山·大理渴尘精品设计民宿公区

既下山·大理渴尘精品设计民宿休闲区

辑二 川湘品牌民宿

既下山·大理沼尘精品设计民宿一角

既下山·大理沼尘精品设计民宿公区

既下山·大理沼尘精品设计民宿公区临窗休闲区

**生于消费升级
优于公司整体架构**

业态更是具有十年的资深经验。虽然行李旅宿酒店公司2012年才成立，但凭借十余年的酒店经验，2017年，"行李旅宿"已经有了两个项目品牌：瓦当瓦舍和既下山。瓦当瓦舍是2012年便开始运营的酒店品牌，是为时尚年轻达人定制的城市民宿，仅六年多时间便扩展成几十家。而在2017年如火如荼发展的乡村民宿热潮中，"行李旅宿"创始人赖国平果断地做出了一个决定：在集团公司旗下开辟一个乡村民宿品牌。这个民宿品牌就是既下山，选址策略为风景绝美的旅游胜地，定价策略也和公司旗下另一个品牌瓦当瓦舍有所不同，既下山的定位就是乡村民宿，专为热爱乡村生活的人打造。

拥有资深酒店核心团队和民宿运营人才的"行李旅宿"，定下了发展乡村民宿的战略之后，便迅速组建了既下山团队。在选址定位之前，便参照成熟项目的公司架构来展开工作，设立了拓展部、设计部、工程部、品牌部、营销部等部门。云南、四川、重庆、北京等旅游目的地成为既下山选址的首要目标。

而在选址进行过程中，从热闹无比的大理古城，到宁静优

既下山·大理浥尘精品设计民宿客房

既下山·大理古城店夜景

**以建筑美学为骨
用产品内容附加灵魂**

美的沙溪古镇,再到人迹罕至而名声在外的梅里雪山,这些代表云南特色的旅游目的地,成为既下山团队选址定位的首选。或许,一个立志做乡村民宿的公司,从一开始就确定了要为热爱乡村的人提供舒适的居住空间和富有在地化氛围的环境,这才是真正的情怀。毕竟,民宿情怀不能仅仅是民宿主个人热爱乡村生活,应该是有能力为客人提供更舒适的乡村度假生活体验。

赖国平是行李旅宿酒店管理公司的创始人,也是城市民宿瓦当瓦舍和乡村民宿既下山品牌的创始人。在2012年创立"行李旅宿"之前,赖国平已经在酒店行业打拼多年,而在这之前他所创立的酒店多数都转手他人。这一次,他决定要创造自己的酒店品牌。从那一刻起,赖国平就很少谈情怀,而是将这些情怀真正地落实到了公司管理、酒店运营的方方面面。

获得了5年多开拓、运营瓦当瓦舍的经验后,赖国平将自己做高端民宿的梦想都寄托在了既下山的经营上。因此,从选址到设计、施工、运营,每一个环节赖国平都亲力亲为,就是为了打造出更好的高端民宿。为了实现自己的梦想,赖国平和团队做了两件事情:一个是关于民宿的选址与营建,另一个是"行

既下山·大理古城店客厅外观

既下山·大理浥尘精品设计民宿卧室

既下山·大理古城店巷道

李旅宿"一直追求的内容设计与填充。

赖国平说:"我们希望在选址上做到独一无二,因此,无论是梅里雪山还是泸沽湖,无论是北京的长城脚下饮马川,还是青城山,这些地方都有独一无二的美景。"这也是既下山选址最重要的一点,除了选址之外,深谙产品才是王道的赖国平在酒店建筑上花的功夫显而易见。

既下山的酒店设计并非全部以当地设计师的理念为主,但每间店的确是与设计师合作打造的优秀作品。泸沽湖的项目达到55间的体量,可以说,这些是设计师和既下山团队一起完成的一个创作。在赖国平看来,做精品民宿花在设计上的时间成本和财务成本都是值得的,因为这些建筑都需要有深厚美学知识和生活感悟的设计师来完成,而这些设计师往往自带流量,天生让这些建筑具备了网红的特点。既下山·大理古城店是设计师赵扬设计的,赵扬曾经和建筑大师妹岛和世合作过,赵扬对

既下山・大理古城店客厅

既下山・大理古城店过道

既下山・大理古城店客厅

自己的设计作品要求颇高，而且还是写作高手。当既下山·大理古城店开业后，赵杨的粉丝都循迹而来。这样的明星建筑师效应，让赖国平觉得投入在建筑上的费用物有所值。

当然，好的建筑固然难得，但只要花费时间、精力，总能找到优秀的设计师共同完成一个好的酒店产品。从既下山的建筑设计来看，很多民宿的建筑空间都很美，民宿主将前期的时间、精力大多放在建筑空间的审美上，而在后期的运营以及民宿的内容打造上却稍感乏力。

有着多年酒店民宿运营经验的既下山管理者知道，在民宿里待上几天后，便让人心生无聊。如何让客人在民宿里待得更有意思，成了既下山品牌部重点考虑的问题。因此，驻店写作、艺术或身体计划、世界厨房、当地人课堂等一些带有在地化特色的内容产品被导入到各个既下山民宿中。

以人文度假品牌来定义既下山，是希望将其打造成一个立于绝美目的地的"理想国"。2018年11月开业的既下山·梅里就以一场"雪山围炉夜话"拉开了序幕。艺术家叶永青、向京，作家葛亮、虞敏华，媒体人王锋，环球旅行家蔡景晖、悟空等齐聚在梅里雪山脚下，在为期四天三夜的旅途中，一起探寻雪山下的文化、宗教和民族风俗。此外，既下山还有诸多跨界合作，邀请金马奖、金曲奖获奖者雷光夏打造既下山品牌音乐，邀请阿雅到雪山聊聊"奇遇人生"，并广泛和艺术机构合作，打造艺文计划。当驻店写作取得比较好的成绩后，既下山开始了更多的跨界合作。音乐、舞蹈、戏剧等艺术形式可以很好地通过身体的律动开启人们关于生活的思考。

除了和文化的结合之外，在一家民宿中，客人最关心的莫过于食物。当地人课堂、世界厨房便解决了民宿中吃的问题。当地人课堂会邀请当地人分享在地化的食材，并用土法烧制，让客人动手参与。世界厨房则邀请各地名厨，以当地食材为要素，探索食物与当地风物的关系。在这样的互动中，既下山一年四季都有不同的内容产品。

既下山·大理浥尘精品设计民宿一角

既下山·大理浥尘精品设计民宿客厅

既下山·大理浥尘精品设计民宿
公区临窗餐厅

赖国平十年磨一剑的情怀

既下山作为标志性目的地酒店,也为客人精心安排了不同的在地文化体验。在沙溪,客人可以跟着白族阿姐去石宝山找松茸,跟着沙溪镇文化站站长游览古镇的历史文物……在梅里雪山,客人可以去明永村听曾经的村长大扎西聊聊当年中日登山队的故事,一边翻着马骅的《雪山短歌》,一边去他曾支教的希望小学看看那里的核桃树,跟着从事环保工作三十余年的肖林老师,一起走进白马雪山保护区……

而以上所有体验,都是既下山希冀诠释的那句话——抵达内心的边境。去聆听、去感受、去体验,这是我们来到这个世界的原因,也是既下山的每段旅程希望提供给旅行者的。世界越变越小的今天,抵达变得容易,"边境"的意义也被重新定义,穿梭于不同的文化,人们学习不同的语言,又通过不同的语言去观察世界和生命,这其中的另一种视角便是21世纪的边境。或许,赖国平的民宿情怀梦将在一家家既下山民宿中得到最好的呈现。

小住餐厅一角

辑二 川湘品牌民宿

少无适俗韵　性本爱丘山
久在樊笼里　复得返自然
一首陶渊明的《归园田居》
道出了多少现代城市人的梦想
不过，很多人的梦想仅仅停留在想象中
而有些人，勇敢地将梦想变成了事实

小住·缙云小住夜景

[07] 从乡间小住出发的民宿众创梦

小住

　　缙云小住，几乎选择了最简单而又最难的方式来成就民宿众创梦。重庆地产圈有个小圈子，大家工作时是同事，休闲时却是朋友和玩伴，在一次又一次的聚会中，这个小团体便萌生了一个念头：为何不一起做一个度假屋呢？这样就有了聚会的场地，也不用每次聚会都要事先谋划。缙云小住就是以这样既简单又偶然的方式诞生的。缙云小住的成立，蕴含着一定的市场规律：在城市中工作、生活的人们，需要有一个能够放松心情、呼朋引伴的场所；需要一处山清水秀的乡野田间，让灵魂休憩。似乎城市人都有一个田园梦，但多数都只是停留在想象的阶段，而缙云小住的诞生则是无数偶然背后的必然。

　　所有的事情都需要有担当的人去牵头，这一次，年近40岁

小住·缙云小住客厅

小住·缙云小住公区

小住·缙云小住客房

16个重庆地产圈内人的田园梦

的赵艳海真正动起了心思。地产行业的赵艳海，创过业，下过海，在地产行业最鼎盛的时期和保利一起走过了十多年，见识过地产圈的起起落落，在不惑的年纪里却有了点小疑惑，就是城市中的生活让人们不断迷失自我。于是他有了去乡下实现田园梦的念头，这不仅和事业有关，更和梦想有关。有了赵艳海牵头，经常在一起玩的16个人很快就拧成了一股绳。前期的启动资金在短短几天内便凑齐了，没有创办公司也没有签合同，仅仅靠大家的口头之约便有了最初的资金和创意。

前期大家的目的仅仅是为每个人找个休闲之所，但大家还是低估了赵艳海的执行力和决心。历时半年，老赵踏过了重庆周围的山山水水，最终在缙云山选择了一处既能看云又距离城区较近的地方。而大家也因为老赵的行动变得更加有凝聚力，因为这16个人的付出，缙云小住在开业后的三个月，便迎来了高达80%的入住率。而这样的入住率，和开业后正好赶上的民宿热潮，也大大出乎老赵和其他合伙人的意料，真可谓"无心插柳柳成荫"。

小住·缙云小住一角

小住·缙云小住外观

小住·缙云小住外立面

小住·缙云小住景观

无心插柳柳成荫

重庆民宿里的一片森林

民宿自施工伊始,赵艳海就一直紧盯着工程的进度,2016年缙云小住正式营业。或许是因为这16个人的消费观暗合了人们的消费观,抑或是赵艳海将所有的人生经历都赋予了这个小小的民宿,原本只是打算平日供大家休闲娱乐的缙云小住,在开业的半年时间内,就迅速赢得了市场的青睐,合伙人自己都需要提前一个月预定。这样的盛况,着实让赵艳海欣喜异常,因为他没想到缙云小住会这么受欢迎,原本只是为了满足自己的情怀,却变成了实现城市人田园理想的事业。而后其他的15个人也将自己的工作经验及人生心得赋予了这个原本仅有10个房间的小小院子。

既然一不小心做成了网红民宿,那就不能再按照原有的心思去做了,应该用更标准化的公司形式来管理和发展缙云小住,同时还要进行分店的扩张和落地,因此在2016年,缙云小住的

小住·缙云小住公区

小住·缙云小住外观

小住·缙云小住外观

16位股东聚在一起开会,确立了三位民宿品牌的专职人员:由赵艳海负责运营管理,由总设计师左坤负责产品打造,由具有广告经验和互联网经验的胡小兵负责互联网运营及推广营销。而剩下的十余人也在整体公司的框架内,结合自身的工作经历和人脉资源,不断地给缙云小住赋能。在这16位股东的共同努力下,历经1000多个日日夜夜,缙云小住、小住GOD、三个院子、小住转山、小住文创&青旅等项目,纷纷开业,在缙云山形成重庆首个"小住森林"民宿集群,一时间缙云山成为重庆的网红民宿集群。

在小住品牌发展的历程中,创始人一直坚持以互联网思维去创新和发展。在最艰难的前期推广阶段,他们也没有使用OTA平台,而是用自有的定制化开发预订平台,在这个基础上,

小住·缙云小住的灯光氛围

民宿里的互联网思维

小住的生态

小住·缙云小住转山野外

同时打通了预定、房态管理、会员营销系统等体系。随着缙云山"小住森林"民宿集群的成型,每一个产品都能够为同一拨客人提供不同的客户体验。而在这样的发展历程中,小住围绕重庆缙云山,力图构建一个缙云山周边的民宿生态体系。在小住人眼中,历时三年打造的民宿集群和互联网生态体系,也正在呈现更多的生态共生性。这里面包含了与原住村民的共生、与原有农家乐的共生、与生态环境的共生。值得一提的是,小住将缙云山周边升级后的农家乐及乡村酒店统一纳入线上预订体系,享受统一会员服务。

以民宿为场景入口,通过互联网逻辑连接有趣的人、事、物,致力于乡村生态焕新,以"在地生活美宿"为理念,挖掘包装在地物产输出,为其他想开民宿的人提供交流共享平台,为城

小住·缙云小住公区

小住·缙云小住餐厅

市中产人群提供独特的"田园梦式"的生活方式,这些都在逐渐实现。小住通过项目公司独立核算形式,以互联网思维众创、众筹、众包等形式,将原有的 16 个合伙人的体系扩大到 100 人左右的合伙人及共享人体系。

2018 年 12 月,位于京郊古北口村的小住·长城店开业,小住将这一连接美好生活方式的梦想带到纯正的北方乡村。或许,这样一个小小的田园梦,通过几间小小的民宿,终将孕育成为一个大大的民宿众创梦想。

五号山谷无边泳池

辑二　川湘品牌民宿

五号山谷·张家界店无边泳池

[08] 从游子归乡的民宿情怀到乡村的可持续发展

五号山谷

  2012 年，在北京打拼多年的陈子墨决定回到张家界，开始在家乡发展自己的事业。和家人一同生活在北京的八年时间里，幸福与烦恼似乎如影随形地陪伴着他的父母，语言、环境、圈子，这些都是二老所不能适应的，同时深深的家乡观念也根深蒂固地存在于二老的意识中。内外因素的影响，让二老时刻都有回归家乡的期望。

  经过一番考虑，也是秉承以孝为先的传统孝道，陈子墨带着妻子回到了湖南老家张家界。就是此时，他决定把残破的老屋子装修成客栈，这样既能陪伴父母，又不至于使自己陷入没有工作的境地中。而一开始选择用祖屋做民宿的陈子墨，也是有他自己的考虑的。在他年轻时期，离开家乡前往北京奋斗时，陈子墨就从事于张家界的旅游行业。

五号山谷·张家界店树屋外景

五号山谷·张家界店外观

在北京的从业过程中，陈子墨办过旅游网站，做过旅行社，他经营的旅行社在鼎盛时期甚至可以同中青旅分庭抗礼。这样的从业经历，自然使得陈子墨对旅游业态有不同的见解。2012年，虽然全国各地的民宿热还没有兴盛，但张家界作为世界级的景区，在地的农家院客栈非常多。熟知北京旅游需求的陈子墨坚信，北上广深的消费者更需要的是高端的民宿业态，而不仅仅是农家院。

回归家乡的陈子墨，将第一栋祖屋改建成了有4间房的高端民宿，这样的设计和改造，花了将近两年的时间。第一栋民宿改造完成后，因为民宿主陈子墨过往的工作经历，在旅游圈内引起了不小的轰动，凭借这样的影响力，陈子墨有了更多的发展空间，之后他又让人修建了湖南省第一个面临山谷的无边泳池，并流转了200亩梯田作为山谷的景观配套。不计成本的陈子墨，将祖屋改造成了美丽的民宿，吸引了许多慕名而来的客人，而后又用4年时间改造了另外四栋房子。在经营的过程中，陈子墨考虑到应当带动当地村民一同发展，而不仅仅是让自己的民宿一枝独秀。由此，在未来的民宿建设中，只要有在地的村民加入，陈子墨都会让他们占有股份。

辑二 川湘品牌民宿

五号山谷·张家界店树屋休闲区

五号山谷·张家界店树屋浴缸

民宿运营：一方山水一方情

有了带动当地村民一同发展的意识后，陈子墨在未来的整栋民宿的改建中，无论投资金额是多少，他都会让当地村民占股10%～20%，而且还会给当地村民预留合适的工作岗位，并为他们做相应的专业技能培训，让他们能够胜任司机、咖啡师等服务岗位。基本上在民宿旺季的时期，村民的月收入也能达到近万元。

在五号山谷的运营中，陈子墨夫妻总会有一个人留在山谷，或与客人谈天说地，或陪客人喝茶小憩。陈子墨说道："因为老家和根都在这里，回到这里的初衷也是为了陪伴家人。希望通过自己的努力，为当地村民就业致富贡献一份力量。"这是五号山谷创立的愿景和规划，如果不是这样一份情怀和坚持，待在北京会是最好的选择，毕竟北京的资源和人脉都是最优质的。当然，在民宿运营方面，也要因地制宜，毕竟一方山水一方情。

五号山谷·张家界店客房洗浴区

五号山谷·张家界店会客区

辑二 川湘品牌民宿

五号山谷·张家界店外景观

五号山谷的消费者定位是北上广深等一线城市人群以及世界各地的游客。但五号山谷的运营人员，无论是店长、管家还是保洁阿姨，都以当地人为主导。陈子墨表示：刚开始当地人没有服务意识，不懂社交关系，但这些都不重要，都可以慢慢培训出来。

五号山谷·张家界店无边泳池

五号山谷的培训机制与酒店的标准化培训不同，更多的是一种感情的培训，要求从业者对待客人要像对待远方的亲人一样。为了让五号山谷的客人真正体会到宾至如归的感觉，陈子墨夫妻也会让民宿的店长、管家走出去，去体验其他民宿业态，了解更多的高端服务形式，通过潜移默化的方式，让从业人员体会到高端服务的内涵和实质。陈子墨夫妇会不定期地到全世界的各个角落去体验酒店和民宿。从一开始的关注建筑和软装配饰，慢慢地过渡到关注运营和服务。这些都为五号山谷后期的服务提升提供了更多参考和借鉴，在保障五号山谷的标准化基础上，又不丢失五号山谷的个性化体系。

五号山谷·张家界店无边泳池

标准化基础配套个性化体系

陈子墨的妻子婉儿是一个纯正的北京人，她于2014年也来

63

五号山谷·张家界店无边泳池

五号山谷·张家界店无边泳池

五号山谷·张家界店无边泳池

到了五号山谷支持丈夫的事业。刚来到五号山谷时,她时常被当地人问道:"习惯村里的生活吗?"而现在看来,婉儿已经完全融入到当地的生活中,并且每天都会在五号山谷和入住的客人喝茶聊天,倾听客人的故事。经过五六年的民宿生活,婉儿对民宿的理解有了质的提升,"我们不卖环境,不卖院子,更不卖装饰。虽然这些都是民宿的必要条件,但我们更注重的是营造一种整体的文化感觉,让每个来到这里的人,都能感受到乡野中第三空间的感觉。让每位客人在民宿里得到享受,并真正感受到内心的安宁和放松。"

五号山谷从一开始就是认真钻研产品,第一家民宿开始营业时,仅仅只有4个房间,整整花了两年的时间才开始运营。后续的四栋房子的营建速度虽然快了一些,但前后也花了五六年,才呈现出了现在五栋楼、40间房的规模。这样的发展速度,相较于同业态的民宿来讲,速度虽然慢了一些,但这样的节奏才是民宿与乡村应有的发展节奏。对于乡村民宿来讲,不是投入一些资金,改造或新建几栋房子,就是民宿了。而是要真正地和乡村对话,了解每一寸土地和风物民情,才能够实现在地化文化和民宿的统一结合。就当前而言,五号山谷还在持续地结合当地的发展进程一步步推进对乡村房屋得改建。

五号山谷·张家界店无边泳池日落

五号山谷·张家界店无边泳池夜景

五号山谷·张家界店无边泳池夜景

五号山谷的连锁之路

  这样精雕细琢的五号山谷，也终究成为时间的朋友。六年左右的时间不短不长，但回望2012年以来，作为孝心和初衷的回馈，五号山谷获得了"十大必睡的民宿"称号，在发展过程中，得到了当地政府和村民的大力支持，同时也用事实说明，一个小小的民宿也能够产生难以想象的影响力。原来少有人烟的小乡村，因为五号山谷逐渐成为旅游业态的前沿阵地，众多全球一线品牌都来这里举办活动。

  陈子墨和五号山谷的故事，吸引了河南鹤壁市政府的注意，在十余次的盛情邀约下，五号山谷的第二家店将于2019年底在河南鹤壁开业运营。"我们其实并没有打算连锁发展，毕竟做民宿的初衷不是为了赚钱和开连锁店，只想回家乡做一些事情，带动当地的发展。"五号山谷之所以选择鹤壁作为第二家连锁店的开店地址，是因为当地的环境和张家界五号山谷相近，而且当地政府为了发展当地的经济，三番两次相约。

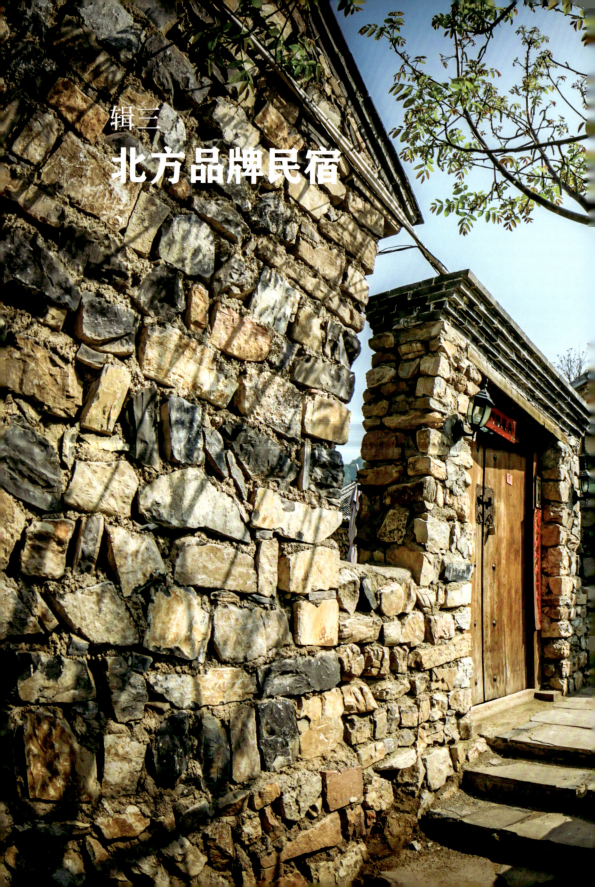

辑三
北方品牌民宿

北方的气候四季分明,就像北方人的性格,爱憎分明。相对于南方民宿的精巧细致,北方民宿讲究的则是一种大气。这种大气体现在与自然的和谐统一、待人接物的真挚热情、服务方面的亲近自然。北方民宿的美,在于自然,在于四季。春天看万物复苏,夏季赏百花齐放,秋时揽颗粒丰收,冬雪披白色铠甲。

09 山里寒舍 /10 隐居乡里 /11 渔唐

山里寒舍·北京店夜景

辑三 北方品牌民宿

山里寒舍 2013年第一个民宿项目在密云创建
2017年，估值2.8亿，国企东方资本注资，占股50%。
截止到2018年8月，成为非标住宿领域融资标的最大的企业。
山里寒舍是不是最好的民宿尚无定言，但在资本领域最为长袖善舞
却是不争的事实

山里寒舍：北京店院落民宿

[09] 资本化运作下的连锁品牌民宿

山里寒舍

  殷文欢，山里寒舍品牌创始人，一米八几的个头，是每个朋友口中的"大哥"。20世纪90年代毕业于北京第二外国语学院西班牙语专业，而后便留在了北京。很少有人知道殷文欢是地地道道的苏州人，在苏州和北京之间往返穿梭的殷文欢，既有南方人的细腻，又有北方人的豪爽大气。

  兼具南北方人的性格，使得殷文欢在创业的道路上积累了良好的人脉关系。无论是1993年选择在食品行业创业，还是2013年转型做山里寒舍，殷文欢的创业历程多少和乡村农业有关。与干峪沟村山里寒舍的结缘，要从这里漫山遍野的山楂说起。原本想利用千亩野生山楂资源，不料却被当地原生态的村落民宅、宁静悠远的山居环境打动，这份自然古朴正好迎合了都市

69

山里寒舍·北京店院落公区

山里寒舍·北京店周围景观

殷文欢的寒舍情结

山里寒舍·北京店周围夜景

人远离城市喧嚣、回归自然乡野的强烈诉求。执行力超强的殷文欢在几天内便和村镇书记沟通好了合作模式,成立项目公司,与村委会签署合同,带动乡村振兴致富。

深深打动殷文欢的还是朴实淳厚的村民,袅袅炊烟带来的归属感和心情上的愉悦。而后殷文欢带领家人创办了最初的山里寒舍,太太承担山里寒舍的室内设计工作,儿子负责山里寒舍的品牌宣传,殷文欢则全程参与。经过几个月的改造,民宿外观得到全面保留,而室内居住空间则简约、现代和舒适,濒临凋敝的古村落被打造成了适合城里人体验自然和乡土文化的旅行目的地。山里寒舍所在的密云干峪沟也在2014年被评为"中国最美乡村"。接下来,该如何做好营销,找到山里寒舍的精准用户?定位于京城小众高端人群的度假消费市场,殷文欢开始寻找营销渠道。2014年,随着南方民宿的迅速火热,北京民宿拥有了潜在的有利市场,此时山里寒舍与携程、远方网、父母邦等平台进行了深度合作。这样的合作,基本上奠定了北京乃至北方民宿市场的初期格局。

山里寒舍在北方民宿市场具有重要的意义。2014年,山里寒舍在职业经理人的操盘下,通过一系列营销渠道的建立和推广,获得了可观的预定入住率。并且凭借着当时在北京市场上的超高关注度,山里寒舍在短时间内扶摇直上。

山里寒舍·北京店客房

山里寒舍·北京店客房

山里寒舍·北京店农具

那时的北京市场,山里寒舍的风头一时无二。或许是都市人的压力太大、当时周边的好产品太少,抑或是城市人对乡村生活的向往,因此,山里寒舍在很短的时间内,便跃升为北京最值得去的网红民宿。那时在乡村找一个条件较好的农家院都很困难,山里寒舍没有理由不受到青睐。因此,当山里寒舍提出"大山就是山里寒舍的前台""城市人应该摸一摸初生鸡蛋的温度""听一听花开果落的声音"等一系列宣传口号,再配上一家人在山里寒舍院子里看星星的照片时,很多生活、工作在北京都市里的人纷纷被感动,山里寒舍两个月内的客房都被一抢而空。

经历了近一年的密集营销后,山里寒舍彻底成为北方最有代表性的网红民宿,引领和带动了北方民宿的发展。由于在市场上的亮眼表现,殷文欢又筹划着"寒舍"品牌的全国布局,短短几年间,先后在江苏、天津、浙江、广东、海南等地创建了具有不同建筑和人文风格的非标度假酒店和民宿,开始了全面的资本布局和民宿品牌的连锁化。

2014年,殷文欢成功打造山里寒舍后,很快便在资本市场

山里寒舍·北京店客房一角

山里寒舍·北京店景观

山里寒舍·北京店景观

上崭露头角。首旅的介入，让山里寒舍有了充足的资本和丰富的运营管理经验。这段时间里，各级领导纷纷来到山里寒舍考察，上市公司高管、明星达人纷纷来到山里寒舍打卡，山里寒舍风光无限。

2017年，山里寒舍迎来了在全行业内都具有里程碑意义的融资。首旅退出，整个寒舍集团估值2.8亿，东方资本全力注资，占股50%。这是截止到2018年非标住宿领域内实体品牌获得的最高投资，也是央企首次投资非标住宿行业。这样的联合，除了资本带来的力量外，更深层次的意义是央企注资带来的资源介入和合作信心的保障。除了资本投入的乍见之欢外，寒舍集团也意味着更多的责任和更规范的管理。国企的SOP、KPI管理，让寒舍在发展过程中既要考虑到快速扩张和规模化发展，又要考虑项目的安全性。而这个过程中，对于人才的高要求也让寒舍的运营面临更多的挑战。

山里寒舍·北京店休闲公区

山里寒舍·北京店特色餐品

但是,机会和挑战都是并存的。寒舍将通过自投、并购、托管、品牌加盟等方式,在全国发展100家寒舍系列非标度假酒店,并成为中国文旅小镇领先的投资运营服务商。山里寒舍的资本化运作之路,值得每个民宿人关注。

隐居乡里院落

辑三 北方品牌民宿

回到乡村
回到庄稼和泥土的身后　回到炊烟和归鸟的天空
回到雨后若隐若现的草木香里

隐居乡里·山楂小院夜景

[10] 每座废弃的农宅，都曾是一家人的宫殿

隐居乡里

2015 年，北京的山楂小院民宿红遍全国，和山里寒舍共同成为北京民宿业态的两张名片，全年入住率高达 78%，成为了北京民宿的收入保证。这种成果，隐居乡里创始人陈长春的团队从 2007 年一直等到了 2015 年。而从 2015 年至 2018 年的三年时间内，隐居乡里所运营的院子已经有 80 多个。他们的目标是在 2021 年做到 3000 个院子。

2007 年，陈长春创立远方网，以旅游网站马蜂窝为标杆。凭借陈长春多年军旅营销的工作经验，这个主要为自助旅游者提供深度旅行攻略的网站，依靠全国 500 多名旅游达人撰写的深度旅游文章而在旅游圈内外颇具盛名。

隐居乡里·山楂小院院落

隐居乡里·山楂小院室内

隐居乡里·山楂小院院落

那段时间，旅游爱好者倾向于云南—大理—丽江路线的游玩，他们把大理、丽江等地深度旅游体验报告发布到远方网等各个旅游网站上。就是这样简单的模式，获得了客栈老板的认可，并且具有一定的盈利空间。

而在此时，画家孙君也积极下乡，发展乡村建设的事业，并打造了郝堂村等一系列乡建领域耳熟能详的项目。陈长春和孙君在乡建领域的深度合作，也让远方网团队对于乡村建设营销的功底和能力变得更加牢固扎实。从2007年到2015年的创业中，远方网把大量的时间和精力都放在乡村旅游和南方客栈板块。那段时间，全国的旅游业态多数停留在观光旅游上，而近几年兴盛的乡村旅游、民宿旅游也成了隐居乡里关注的领域范畴。

2014年远方网开始转型，创立隐居乡里品牌，承接乡村民

隐居乡里·山楂小院院落景观

隐居乡里·山楂小院大景观

隐居乡里·山楂小院院落景观

宿等项目的运营业务，于是接手了山里寒舍的部分营销工作。最终，山里寒舍以几千元一晚的价格，在远方网上持续了两个月的预定热度。陈长春意识到，民宿的时代就要到来了。而后，隐居乡里的重要代表——山楂小院的建设提上了议程，仅仅三年时间，从山楂小院起步的隐居乡里，便发展了桃叶谷、麻麻花的山坡等7个民宿品牌、80多个院子。

深耕民宿，如果刚好符合"天时""地利"，其发展的速度会让人惊叹。对于抓住了乡村旅游"天时""地利"的隐居乡里来讲，还需要"人和"的配备，要配备专业的人才组建民宿团队。八年的乡村从业经验，让陈长春的团队得到了充足的锻炼，除了营销部分，真正运营实体项目时，还涉及运营和设计。

熟悉民宿的人都知道，民宿运营是整个链条上至关重要的一环。既要保证服务的个性化，体验的舒适度也不可缺少。山楂小院是隐居乡里旗下的第一个院子，只有两间房，但是设计、营销、运营都投入了巨大的人力、物力，短时间内不仅

隐居乡里·山楂小院内景

隐居乡里·山楂小院内景

隐居乡里·山楂小院餐厅

让山楂小院在全国范围内名声大噪，也为整个隐居乡里打造了一套可复制的模板。

无论是对民宿设计经验的总结，还是从业者日常操作的经验，如收拾房间、打扫卫生、待人接物、迎来送往等一系列管家所需要掌握的技能，也通过不断地培训和实际操作，让其更加标准化。

由此，隐居乡里在民宿运营方面总结的经验已经规范化了，在保证民宿舒适度的前提下，确保了各项服务的标准化。而隐居乡里的人才储备，也为民宿品牌的快速扩张提供了人力资源保障。

隐居乡里要实现项目的快速扩张和连锁化，整个团队就需要具有足够的经验和专业性人才。参与设计犹他安缦的设计师金雷在此时进入了陈长春的视线。两人合作之后，金雷一手设计了山楂小院、姥姥家、先生的院子以及旗下所有民宿品牌的

隐居乡里·山楂小院院落

隐居乡里·山楂小院火盆锅

隐居乡里·山楂小院就餐情景

配套和园林景观。扎根乡村建设的设计师金雷,不仅在设计领域得到了不计其数的荣誉奖项,甚至在某种程度上引领了北方民宿设计的潮流,众多北京民宿开始借鉴隐居乡里的这种设计风格。

解决了设计人才的问题,陈长春又开始了另一种能力的提升,从情怀满满的人性化管理过渡到高度标准化的管理。整个公司团队,无论是总部的营销团队,还是项目上的运营团队,都一律采用严格的标准化管理制度。数据化管理也做到了极致,每个院子的水电用量都精确到以天为单位进行记录,便于对这些院子的入住率进行比对。

在执行这项管理制度的前期,无论是公司内部的老员工,还是农村里毫无工作经验的从业者都难以适应,而就用了半年左右的时间,通过持续的强化执行后,隐居乡里的数据化管理已经做到了极致。这样的运营配合与生俱来的营销优势,迅速让隐居乡里在短短的三年时间内开创了众多项目。乡村民宿运营体系也逐渐成形,资本也开始助力于这样的情怀事业。

渔唐书房一角

辑三 北方品牌民宿

渔唐，八家经典豪华客房在生态原始小河畔生而鱼塘，逐渐成长为渔唐

渔唐精品民宿外观

[11] 生而不完美，但每天都在进步

渔唐

渔唐品牌创始人张纪伟称得上半个文人，在为这个心中的后花园起名"渔唐"的时候，既保留了"鱼塘"概念，又有了更文雅的释义：渔，隐逸、修行、放下万千牵挂，归隐于水墨山河，所谓孤舟蓑笠翁，独钓寒江雪；唐，盛唐。我们既需要精神上的皈依，更需要肉身的愉悦，这个地方一定是奢侈的，大唐盛世，人性释放，雍容华贵。

在众多知名民宿中，所谓的主人文化往往维持的时间比较短。在经历了前期的选址、设计、施工以及和当地村民的协商之后，很多民宿主重操旧业，而把民宿委托给聘用的店长、管家等。但渔唐显然是另类，张纪伟自开业以来就一直守着渔唐，每个月回家的时间不过两三天。张纪伟将绝大部分时间和精力

81

渔唐精品民宿景观

渔唐精品民宿外观

藏起来的奢侈，谓之渔唐

都放在了日常运营和客户关系打理中，没有任何民宿经营经验的张纪伟陆续整理出了渔唐的前厅服务手册、客房管理手册、餐厅服务手册。和众多网红民宿不同的是，渔唐很少出现于各类业内活动中。

因此，每个渔唐的客人都被精心分析过，并留存了数据。而在后台的分析中，2016年4月份开业的渔唐已经积累了几千名客人的数据。

直到2018年8月，历经两年多不断改进的渔唐，完善了服务并正常运营。渔唐还在民宿餐饮运营中摸索出了独到之处，渔唐的餐饮服务为渔唐的整体营收贡献了30%的总量。渔唐有21间客房、一间餐厅，这两处的年营收就可达600万。单就运营而言，渔唐已经在全国民宿中名列前茅了。

业内很多人对民宿充满了向往，民宿生活总是伴随着诗酒茶。而在这样的诗酒茶之外，客房管理、前厅管理、客人服务作为底层基础，往往起着决定性的作用。而渔唐，就像每个热爱民宿的人，不仅真心热爱，还在每天的工作中不断向上、向好。渔唐生而不完美，但每天都在进步。

渔唐精品民宿外景镜头

辑四

浙闽品牌民宿

昊羲东南坼，乾坤日月浮。吴越之地，历来不乏文人墨客光顾。松阳、桐庐、塘栖三地的民宿别有一种古朴味道，也传达了人与自然的相处之道。闽南之地，更是依托山川形式，毗邻大海盛景，此地的民宿传达的是一种天地无我的意境。让人不禁慨叹：天地之大，人如何自处？

12 西坡 /13 大乐之野 /14 过云山居 /15 三生一宅 /16 墟里 /17 有棵树

西坡无边泳池

辑四 浙闽品牌民宿

2009年第一家西坡在莫干山开业,8年后
第二家西坡才在千岛湖亮相
和日益快速发展的民宿行业相比
西坡的发展速度很慢
但每一家西坡都能触动人心
业内称赞
西坡绝不仅仅是住宿

西坡·莫干山自助用餐

[12] 那些让人一见倾心的经典服务

西坡

提到西坡,无论是民宿爱好者还是民宿从业者,都会感叹西坡的服务让人感动,也值得学习。2009年,从莫干山走出去的钱继良,经过多年的创业历程后,决定回归家乡。

外面的世界很光鲜,可以让人升入云端,也会让人跌入谷底。而老家的竹山,童年记忆的老房子,总会让人莫名地归于宁静。让钱继良下定决心回家发展的原因,除了找回内心的安宁外,外国人高天成创办的裸心谷的成功也让钱继良看到了希望。或许,在外面打拼的人心中都有一个田园梦,总会怀念家乡的山山水水。2009年,钱继良回乡开始了西坡民宿的创业之旅。如今,钱继良认为这个决定很正确。但在那个时候,老钱心中的忐忑却不被外人所知,虽然高天成创办的裸心谷取得了相应的成功,

87

西坡·千岛湖外景

西坡·千岛湖外景

西坡·千岛湖灰空间

老钱对于民宿的浪漫情怀

但是那个时代的主流市场仍然是城市，是乡村人涌向城市的业态。

几乎每个乡村人都希望能在城市谋得职业，多挣些钱让家里的生活好起来。而老钱则毅然决然地投身于乡村建设的事业中，他对于标准化、可复制、重管理等方面都不甚擅长，但这样的管理理念却与此时此刻的西坡相得益彰。

西坡刚开业的时候，有六个院子、几十间房，而维持日常运营的除了老钱以外，还有他住在莫干山的父母，天然具有纯正的温度感和主人公文化。经历过人生百味的老钱，不假思索地选择了用乡村本来的味道打造西坡，而"西坡"这个名字的选择，就是对这种态度最好的表达。村里负责修缮的泥瓦匠说："这些房子在山的西面，干脆就叫西坡吧！"于是，民宿的名字"西坡"就这样被确定了下来。而每个院子的取名更是不费力气，原来院子的主人叫玉芳，就命名为玉芳……

在西坡开业早期，老钱骨子里的真诚和不擅长标准化服务的意识，暗合了这个乡村酒店的状态。而西坡之所以能够成功，

西坡·千岛湖休闲区

西坡·千岛湖火腿餐厅

西坡·莫干山公区一角

西坡·莫干山外景

西坡·莫干山一角

西坡·莫干山茶歇区

绝不是仅停留在乡野酒店的家庭服务上。老钱虽然在标准运营和企业管理上有所欠缺，但是他却有着爱问、好学和识人、用人的优点。

在西坡度过开业期后，老钱便开始频繁地入住高级酒店，裸心谷、法云安缦等都在他的考察范围内，而这些酒店在管理上的专业度和标准化程度都远超当时的西坡。正是在这种持续的"取经"过程中，老钱于2013年遇见了在法云安缦工作的刘杰，那时的刘杰还筹办过裸心谷的开业事宜，经验和专业度都经得起考验。钱继良和刘杰的合作，在性格和管理上，都得到了极强的互补，而西坡也迎来了服务升级的"钱杰"时代。和老钱的浪漫不同，刘杰稳重、踏实。参与过裸心谷开业筹备的他，虽然非酒店科班出身，但他善于总结，任何事情都能够透过现象看到本质，并能用极简的语言表达出来。

刘杰正式加入西坡，从而开启了"钱杰"时代。他先是花了几个月的时间重组酒店架构，把人、事、物之间的匹配关系梳理清楚，而后又花了大半年的时间梳理酒店的产品，将吃、住、玩的产品一一梳理清晰，扎扎实实地把产品完全标准化。

辑四　浙闽品牌民宿

西坡·莫干山房间

西坡·莫干山家庭套房

西坡·莫干山休闲区

刘杰的"正规不正式"模式

　　四年多的民宿创业经验，让老钱积累了足够多的主人文化，但一家民宿的快速成长和服务标准的稳定，是2013年的西坡亟待解决的问题。而在刘杰的抽象化言语中，民宿是什么并不重要，只需要明白两点：第一，民宿属于服务业；第二，民宿属于服务业中的酒店业。在这个前提下，民宿除了提供给客人吃、住、玩、购外，还应考虑如何让消费者得到城市生活中无法获得的体验，这也是西坡倡导的"不正规"。

　　老钱骨子里的真诚和刘杰与生俱来的"规矩与标准化"，让西坡有了150多人的团队。这个团队有着相同的文化认同，为客人提供的服务水平一样。所有人拥有同样的心声：要做一家百年的、有人情味的酒店。当西坡和客人之间出现矛盾的时候，会遵循客人第一、奋斗第二、业主第三的价值观。这样的西坡服务标准引起了业内人的关注和羡慕。

　　西坡发展至今，人们不禁会问，西坡盈利吗？或者说赚钱吗？可以简单地算一算，西坡单间客房平均价格为1300元/晚，入住率80%。莫干山客房17间，千岛湖客房40间。一年的客

西坡·千岛湖公区

西坡·千岛湖公区

西坡·千岛湖吧台

**"钱杰时代"的
西坡辉煌发展的四年**

房营业收入为 2100 多万。这样的高入住率和高客房单价，依靠的是高水准的服务。但除去 150 人的运营团队支出和各个客房的水电支出后，西坡在运营上的收益并不高。但好在民宿从来都不是一个将运营收益放在首位的行业。

2018 年，已经开业的西坡中卫，在建设中的西坡象山、西坡兰州、西坡富阳、西坡柞水，正在筹备的西坡黄山、西坡震泽、西坡江山、西坡婺源、西坡敦煌、西坡甘南等十多个项目，每一个的选址都出乎意料，每一个西坡都是当地政府或者开发商邀约入驻，每一个西坡都会在 150 个西坡人中生根发芽。或许，比赚钱更重要的是，赢得人们的赞誉。西坡作为一直成长的民宿品牌，得到了太多的赞誉。2017 年受邀参加《大国农道》《天天向上》，为湖南卫视《亲爱的客栈》提供运营指导，为安徽卫视《密食记》提供拍摄地。也获得了中国最佳设计酒店、中国优秀度假酒店、中国最佳生态度假酒店、金枕头全国最佳精品酒店大奖、中国最具投资价值十大民宿品牌之一等大奖。因为西坡的存在，也让民宿这个行业被更多的人所向往。

辑四　浙闽品牌民宿

西坡·千岛湖客房

西坡·千岛湖客房

大乐之野·锦溪店泳池

民宿圈中不缺高颜值的民宿
但有一种民宿叫大乐之野
不仅因其高颜值得到了行业和客人的认同
还吸引了众多模特甚至淘宝客慕名前来拍照
只为在这样的空间中提升自身照片的品位

大乐之野·绿山墙

[13] 出众不从众，民宿界的颜值担当

大乐之野

2018年8月，全国各地的高颜值民宿比比皆是，让人目不暇接。单就莫干山而言，风格不同的民宿数不胜数，但位于前列的，除了大家常提起的西坡，便是大乐之野了。

诚如2018年热播的宫廷剧《延禧攻略》一样，有一些民宿一开业便达到了巅峰。2013年，大乐之野·碧坞店开业时似乎就稳固了自己的核心地位。而那一年，莫干山民宿的另外一个巅峰——西坡已经开业4年，创始人钱继良也成了莫干山民宿协会会长。

也是在这一年，莫干山民宿最重要的代表作——西坡和大

大乐之野·绿山墙中庭

大乐之野·绿山墙泳池

大乐之野·绿山墙客厅

大乐之野·绿山墙亲子房

乐之野都找到了自己的安身立命之所。大乐之野似乎比西坡准备得更充分，五个创始人的优秀履历，注定让大乐之野成为莫干山民宿中不可忽视的一股力量。吉晓祥：同济大学城市规划专业。杨默涵：同济大学城市规划专业。刘丹：复旦大学旅游管理专业，德国波鸿大学经济与管理专业。唐国栋：南京大学GIS硕士。朱海峰：地产营销总监，营销副总。和西坡钱继良开始创业时的忐忑不安不同，大乐之野一开始就组建了正规军。

同济大学城市规划专业的高材生杨默涵，让大乐之野系列产品从一开始就拥有了高颜值。而刘丹则是旅游管理专业科班出身，在民宿运营管理方面有自己的独到之处。在所有行业中都至关重要的营销，则由专门的地产营销总监朱海峰保驾护航。而唐国栋，则在后期的发展运营中走到了公司管理的核心层。可以预料到的是，这样的五人组合，只要内部不出问题，肯定能把每一个餐厅都运营成网红产品，做地产开发也能有一席之地，更何况他们还志存高远。

大乐之野，取自《山海经》，意为被世人遗忘的美好之地。从这样的管理团队组合以及对品牌名的引经据典来看，他们和众多情怀中人贸然进入行业不同，对民宿事业有着后续的规划。正因为这样的规划，2013年开业的大乐之野迅速从莫干山一干精品民宿中脱颖而出。

大乐之野·莫干山碧坞店客厅

大乐之野·莫干山碧坞店客房

大乐之野·莫干山碧坞店卫生间

大乐之野·锦溪店外景

在后续的发展过程中,大乐之野又赶上了2015年的微信营销红利和民宿热潮红利。大乐之野在短短5年时间内迅速创建了10家同样高颜值的连锁民宿。大乐之野·莫干山碧坞店是大乐之野的第一家民宿。现在看来,新开业的民宿颜值都超过了第一家店。但在碧坞店中,有些建筑制式已经成为了大乐之野后期选址和民宿营建的规范。比如采用把周围自然环境引入室内的大落地窗,设计拍照效果极佳的建筑白墙。甚至LOGO的设计都充满了设计师需要的格调,不仅仅是客人,许多网红直播、淘宝商品拍摄都愿意选择大乐之野作为背景地。

和千里走单骑强调的"极致之美"不同,大乐之野的前期选址都是在长三角范围内。虽然山水景观比不上云贵川的一骑绝尘,但大乐之野的颜值更多体现在建筑本身,比如大乐之野·莫干山碧坞店,还有后来在设计圈内获奖无数的大乐之野·庾村(小镇姑娘)。为了保证整个建筑的颜值,大乐之野还聘请了顶尖设计师进行单独设计。在大乐之野晋级网红店的过程中,颜值或许只是原因之一,很少出现在公众视野前的合伙人,曾经在地产公司担任营销副总的朱海峰同样也为大乐之野的营销宣传工作作出了巨大贡献。

在整个民宿圈中,品牌知名度和影响力较大的是过云山居。这是有数据可查的,比如一年就有2800多家媒体报道过过云山

大乐之野·胡陈粮仓度假酒店泳池

大乐之野·胡陈粮仓度假酒店休闲区

大乐之野·胡陈粮仓度假酒店套房

居。而紧随其后的就是大乐之野。

大乐之野是如何运筹帷幄、宣传的？人们尚不得而知，但这样高的关注度除了自身颜值之外，在营销方面下的各种工夫必然不可或缺。2018年底，大乐之野已经创建了10家店。预计在2019年，还会创建更多的连锁民宿。

每一个民宿的产生，都需要经过选址、设计、施工、试运营全阶段。即使进度再快，也需要一年左右的筹备期。以大乐之野这样的开店密度，如果没有事先的规划和人才储备，或许难以为继。

民宿行业从2015年开始火热，而从莫干山"走"出来的大乐之野，现在已经开始了全国布局的战略。

辑四　浙闽品牌民宿

大乐之野·余山岛庭院

大乐之野·余山岛外立面

99

过云山居近景

过云山居·松阳店 2015 年 8 月开业
2016 年 1 月"一条"视频播出
从此，过云山居便横空出世
成为民宿圈内 100% 入住率的孤独缔造者
2018 年 12 月，过云山居二期盛大开业后再次爆先后
成功吸引门众多民宿从业者专程前来观摩

过云山居·松阳店外景

[14] 一个民宿带火一座城

过云山居

过云山居的出现充满了偶然性和故事性，三个中学时期的小伙伴因为一顿小龙虾的聚会，无意中竟促成了过云山居的诞生。而当时间飞逝，去追溯这种偶然现象背后的原因时，过云山居似乎又是必然的。

2015 年，全国民宿发展方兴未艾，文艺青年在丽江、大理、莫干山聚集，吹响了民宿发展的号角。而那时候的民宿人，很多都是玩票性质的，只是为了在远方建造一个满足个人情怀的房子，而这些民宿人过往的经验很大程度上决定了民宿的发展走向。

过云山居的三个主人，恰好组成了民宿行业的铁三角。从

过云山居·松阳店公区

过云山居·松阳店茶歇

过云山居·松阳店露台

保障外观的建筑设计师,到提升影响力的营销人,再到擅长管理的运营者。这三个初中同学将各自擅长的领域相结合,便在民宿行业中所向披靡。

敏智,美术专业毕业的苏州软妹子,对生活有着女性视角的认知,又有美术功底,还有对诗与远方的无限向往。心怀生活中的美好,虽然不是科班设计师出身,但设计出来的过云山居却有着超高的颜值和舒适度。

超骏,20多岁就掌管200多人的"企业霸道总裁",深谙企业的管理和用人之道。对于民宿中的运营和管理,似乎也是信手拈来。在过云山居的后续发展中,更多承担了和政府、村民、团队成员等关系的处理工作。

瓶子,是游走于世界的时尚达人和旅游编辑,去过50多个国家的他拍照写文,为读者推荐小众旅游目的地和特色酒店。对于旅游点位是否能让客人心动,他几乎有着天然的直觉,在

过云山居·松阳店外立面

过云山居·松阳店联合创始人
——潘瓶子

过云山居·松阳店客房

过云山居·松阳店客房

产品定位上也以全世界的好酒店为标准。

当这三个人决定做一家民宿的时候,各自过往的经验和优势让过云山居成为网红的趋势开始萌芽。

回望 2015 年开业的过云山居·松阳店,那些让媒体一再称道的风景现在看来依然动人心扉:700 米落差的大峡谷和一年 200 天的云蒸雾绕,让众多来到这里的客人争相称赞。这一声称赞或许意味着过云山居的成功。

当然,除了美景之外,三位民宿创始人也功不可没。负责营销宣传的瓶子,有着 10 多年的媒体工作经验,在开业前期筹划的朋友圈推广、"一条"的拍摄传播、美宿美景和三个合伙人的创业故事也让过云山居在整个自媒体界声名大噪,赢得了媒体的万千宠爱。

过云山居之所以能成为民宿界的一种现象,除了天时、地利之外,还有当地政府的大力支持。在过云山居创办之前,浙江松阳在浙江人眼中都非常陌生,作为经济落后的县城,这里恰好保存有良好的古村落群,那些在高低起伏的山上形成的自然村落多为黄色夯土屋,和青山绿水形成了强烈的对

过云山居·松阳店景观

独特不从众

保持自我格调

过云山居·松阳店客房

过云山居·松阳店客房

比,被媒体誉为"金色的布达拉宫"。而此时的政府工作人员也非常希望发展乡村经济,对过云山居团队的到来,当地政府给予了 100% 的支持,不仅在建设方面给予支持,也将过云山居作为松阳的名片大力宣传。

2018 年,很多走在行业前列的民宿已经完成了单店的运营探索,不仅能为客人提供个性化服务,还拓展了在地化的风物挖掘和旅游线路研发,甚至已经形成了标准化的产品,可以很快地复制输出。

过云山居在一线民宿品牌中,显得与众不同,它并没有过分追求快速扩张,而是始终保持自己的独特品质以及审慎的思考。

诚如潘瓶子所言,过云山居的连锁之路很漫长,因为企业管理者秉持着这样的理念:没有绝佳的地点就不选址,没有极致的服务就不扩张,一定要给消费者以极佳的、舒心的体验。在这样的企业发展理念下,过云山居考察了无数的选址地,也不断考量周边客源以及交通情况。

2018 年 12 月,过云山居的第二家民宿过云山居·桐庐店姗姗来迟。在超骏看来,桐庐店才是三位创始人在民宿行业沉淀

过云山居·松阳店客房

过云山居·松阳店茶点

过云山居·松阳店餐点

之后的全新产品。桐庐店拥有四栋楼,每栋楼都有鲜明的主题,无论是童趣满满的亲子楼,还是最引人注目的"南环新村"主人楼。过云山居·桐庐店似乎将主人文化在整个民宿中体现得淋漓尽致。

从 2015 年到 2019 年,四年多的时间过去,松阳从鲜为人知的贫困县城,发展成了拥有三个"国家级传统村落"的中国乡建重要代表,花间堂、乡伴、隐墅等众多民宿也纷纷落户松阳。

而在建筑设计领域,8 个国家的 11 位建筑大师来到松阳,打造了云上平田等众多乡建领域可圈可点的样板。在过云山居的成就中,松阳县政府给予了过云山居太多支持。而过云山居作为松阳县乡村振兴的排头兵,也不辱使命,从 2015 年开业的第一年起,连续三年为最受媒体关注的民宿。而这种关注度,在很大程度上也回报给了松阳。

三生一宅·桐庐店小院

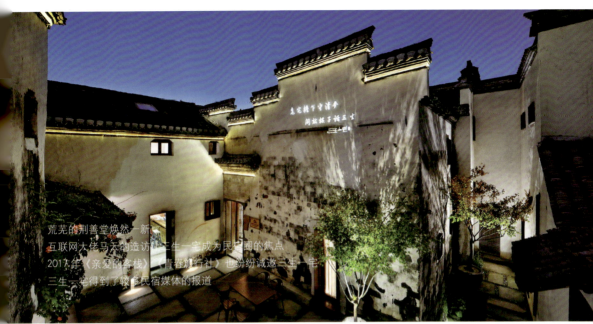

荒芜的荆善堂焕然一新
互联网大佬马云的造访让三生一宅成为民宿圈的焦点
2017年,《亲爱的客栈》《青春旅行社》也纷纷诚邀三生一宅
三生一宅得到了较多民宿媒体的报道

三生一宅夜幕下的庭院

[15] 那些互联网大佬打卡的网红民宿

三生一宅

  清朝嘉庆年间,浙江桐庐深澳村的申屠家族出了一位太傅,名讳申屠园林,是嘉庆皇帝的帝师。回乡后盖的宅邸便是太师府邸,取名为"荆善堂"。200多年后的21世纪,荆善堂已经无人居住,1000多平方米的老宅也荒芜了。2015年,有着18年设计师经验的高明来深澳村旅游,发现了这个老宅,突然有了租下来做酒店的冲动。也正是那个时候,民宿配合自媒体的兴起在全国范围内掀起了一波波的热浪。一心想改造出一个特色酒店的高明这才恍然大悟:原来我要做的是民宿啊!没有市场调研,也没有花费大量时间去选址,也没有太多的曲折,三生一宅的诞生显得那样水到渠成。

三生一宅·桐庐店水景

三生一宅·桐庐店星空廊

如今去看三生一宅，总觉得做这样的民宿很简单。但从2015年的荆善堂来看，老宅都快要倒塌了。而一个资深设计师对老宅所表现出来的喜爱之情，往往会让其产生改造老宅的冲动。从民国时期的建筑大师梁思成、林徽因修葺老宅开始，设计师似乎就对老宅充满了感情。就因为一次旅游，设计师高明就铁了心要做一个民宿。

1000多平方米的老宅改造装修费用固然不便宜，但对于铁了心做民宿的高明来讲，这都不是问题，他回到杭州便开始寻找投资人。于是，曾经的同事、朋友、合作伙伴便成了合伙人：章先生，建筑设计师，和高明这个室内设计师素来配合默契；戚先生，广告人，是高明的发小。有了朋友的帮衬，做民宿就变得简单了。

有了建筑设计师、室内设计师，也有了进行营销的广告人，万事俱备，于是，3个中年男人就这样成立了酒店公司，开始了他们的民宿生涯。初心不过是让老宅焕发新春，因此，每个改造之外既保留了老宅的韵味，又满足了现代人的生活方式。最

辑四 浙闽品牌民宿

三生一宅·桐庐店公区

三生一宅·桐庐店茶空间

终改造完成后，1500平方米的房子只分隔出15个房间，剩下的700多平方米的空间都设置为公共区，包括茶室、棋牌室、会议室、电影院、威士忌酒吧。这样的设计不仅能让人体会到建筑本来的美，也能让人有留下来享受的欲望。这样的改造，不仅仅花费了800多万的工程造价，更是用了两年多的改造周期。而笔者在和高明探讨民宿的设计时曾问过这样的问题："我朋友的一个民宿，公区面积才三四百平方米，想找全国知名的设计师，设计费八十万，值吗？""贵有贵的道理，这样的设计师不仅仅设计费贵，相应的工程造价也会提高，工期也会长很多，但只有这样，才能设计出真正的精品，在市场上也才能真正地吸引来独特的客人。"

这样的对话，是高明运营三生一宅一年多后的心得体会。

三生一宅·桐庐店入门一角

一个设计师的兴之所至

而在改造的两年时间内,一个设计师只需要把最好的作品呈现出来。从最初预算的500多万到最终的800多万,三生一宅,是一个设计师的兴之所至。

国内的设计师圈子流行两件单品:lamy 的钢笔,三宅一生的服饰和包。当然,三生一宅虽然和时尚品牌三宅一生没有太多的关联,但显然是在向三宅一生致敬。2017年5月1日,三生一宅在历时两年的改造之后开始营业,运营半年后的12月,阿里巴巴董事局主席马云和"三通一达"董事长们开闭门会议。这一次,他们将会议场地选择在三生一宅。

互联网大佬马云的造访带来的新高度

虽然国内民宿经常迎来明星甚至国家领导人的访问,但马云却是第一次在国内的民宿中包场开会,不仅掏出真金白银支持民宿,还在进场时不断称赞。

三生一宅·桐庐店会议厅

一个设计师的"互联网+"民宿情结

2017年,《亲爱的客栈》《青春旅社》等众多文艺节目开始将目光投向民宿。而名人造访民宿也让更多的民宿媒体开始报道,低调的三生一宅也因为马云成为了民宿圈的焦点。马云的到访第一次让高明感受到了"互联网+"的魅力,擅长学习和研究的高明在后来的互联网营销道路上不断寻找新方法。

在三生一宅开业的第一年,半年时间内,高明找运营团队运营。在后半年时间内,因为马云的到访,他开始琢磨民宿的营销之法。OTA、业内大会、各种学习班,在经过了长达半年的营销摸索之后,三生一宅探索出更多的"互联网+"营销模式。

抖音,一条就有50多万的播放量、20多万的点赞量,微信公众号的试睡活动,但凡能让三生一宅为更多人所知,民宿运营者高明都会努力地去尝试。

从当初的无心插柳,到后来的深耕细作,市场上的反应也让高明惊喜。原计划5年回本,如今只用了3年左右的时间。而越来越有干劲的三生一宅团队,又在千岛湖、北京等地选址,打造"互联网+设计师"风格的民宿。

三生一宅·桐庐店水吧

墟里全景

暖暖远人村，依依墟里烟
陶渊明笔下的归园田居生活重现
当一间小而美的民宿呈现出意料之外的影响力后
整个村子重新焕发活力，发现中国乡村的美与价值
让墟里有了十年的奋斗目标

墟里·永嘉店外界环境

[16] 从小而美的民宿到大大的"乡村活化"梦想

墟里

2018年，对于温州永嘉的墟里民宿来讲，是个丰收之年，这一年墟里得到了太多的民宿行业大奖。"十大最具投资价值的民宿品牌""最有影响力的民宿"……而追溯至2014年，创始人小熊辞掉北京的律师工作，回到家乡开了一个民宿，身边的大多数人并不理解，一个北京大学法律系的硕士高材生，律师工作稳定又体面，为什么要经营一间小小的民宿呢？

"农村除了老人、孩子，能去城市生活的人都走了。你在北京好好的工作不干，为什么要回家装修房子？"小熊父亲的反应最强烈，毕竟爱之深责之切。放弃律师的工作去经营民宿，两者之间的反差实在有点大，因此，小熊父亲一直对小熊此举颇有微词。而这一切，源于小熊的乡

墟里·永嘉店厨房

墟里·永嘉店厨房

墟里·永嘉店外部景观

墟里·永嘉店景观

墟里·永嘉店客房

村梦。小熊毕业后顺理成章地成为了律师,工作之余小熊选择进修,在欧洲游学的一年多时间里,小熊就在当地的乡村体验最纯正的农村生活。那一年,小熊深深地爱上了乡村,回到北京继续工作的小熊也将家安在了北京郊区的农村里。

北京的乡村生活虽然不如欧洲闲适,但邻里间的亲密关系、与大自然亲密接触时能感受到的四季变化,都让小熊的内心更加笃定,乡村生活才是她真正想要的生活。于是,在经过认真的思考之后,小熊放弃了北京的生活和工作,回到家乡温州,创办了一个儿时印象中具有"家"的味道的民宿。

2014年,北京少了一个优秀的律师,民宿行业却多了一个卓越的民宿品牌。或许每一个优秀的民宿主都有一段过往,而在乡村,他们收获的不仅仅是民宿事业,更多的是自己梦想的实现。当这种梦想愈发强烈时,散发出来的影响力就愈大。2014年是民宿发展的好时机,纵观整个民宿行业,

墟里·永嘉店茶歇区

墟里·永嘉店亲子活动

一个人的乡村梦

市场上好的故事、好的民宿产品不多，怀揣乡村梦想的人却大有人在，但鲜有人放弃城市的所有，回到乡村开辟事业，这种梦想带来的凝聚力和影响力或许会超越自己的想象。

因此，2015年开业的墟里，就遭遇了不知在哪招聘店长、管家的难题。或许是为了寻找同伴，或许是为了证明自己回乡创业不是个错误。小熊在微信公众号上写了一篇招聘帖："我相信，在这个世界的某些角落一定有我的同伴在等我，我不仅想找管家，还需要他(她)和我一起来创建一个乡村民宿品牌，所以，找遍世界也要找到这样的你。"这篇招聘帖迅速在朋友圈蹿红，上百万的阅读量，一千多人给小熊回信，希望能和她一起共创民宿事业。

在寻找同伴的过程中，小熊也在不断思考墟里的发展方向。从小对物质生活要求不高的小熊认为能在自己喜欢的乡村生活和工作，还能接待全世界爱好乡村生活的人，本来就已经得到

墟里·永嘉店浴室

墟里·永嘉店外部景观

墟里·永嘉店活动场景

一群人的民宿情怀

了生活的犒赏，所以小熊很少去考虑物质上的回报。但当一群人共同从事这个行业时，投资回报的测算，如何让更多人体面地在乡村生活和工作，也成了小熊最需要考虑的问题。

虽然小熊坚信一定会有人和她一样，期待乡村生活，但1000多封的求职信，还是让小熊意外，同时也让她更加坚信乡村事业的选择是对的。而无意中寻找乡村工作伙伴的招聘帖，也让墟里在开业之初就成为了网红店，那些没有来求职的阅读者也将自己的下一次旅游目的地定在了墟里。

原以为孤军奋战的小熊终于迎来了自己的同伴，当然，这1000多封求职信，最终也来了不少人，而在或长或短的工作期后，很多人选择了离开，但也有人留下来。在这段时间里，小熊在律师事务所养成的提前规划的行事准则发挥了巨大的作用。

人员的管理，岗位职责的设定，未来的发展空间，和村民友好的相处之道等问题都需要提前规划，完成了前期设计和施工工作的小熊开始慢慢摸索和试错。同伴之间的惺惺相惜，让墟里一群人的梦想走得更远，小熊关于乡村创业的想法也更加全面。已经运营的墟里·永嘉店和墟里·二号院都只是一栋只有三间房的小民宿。但正是这种小民宿呈现出的巨大影响力，当地

墟里·二号院场景

墟里·二号院厨房

墟里·二号院客厅

村民才开始意识到老房子的魅力，原来在城市打工的当地人也回村工作了。

2015年12月，走上运营快车道的墟里正式成立公司来运营墟里品牌，并吸纳了一群有乡村梦想的合伙人。除了小熊外，还吸纳了另外3位合伙人。而此时，墟里也坚定了自己的乡村创业梦想。"墟里"绝不仅仅是民宿或者酒店，墟里要做的事情是发现和传播中国乡村的美与价值。因此，在墟里·永嘉店和墟里·二号院的基础上，墟里开始了整村运营。

墟里徐岙底村和政府合作，打造和维护了一个有机生长的乡村。2018年11月，墟里徐岙底推出了部分内容和业态，而在这里，小熊心里蠢蠢欲动的欧洲乡村梦想终于开始慢慢实现。系统的在地化文化梳理，聘用当地匠人进行本土文化的升级，

墟里·二号院露天阳台公区

墟里·二号院门外景观

墟里·二号院客房

手工艺品的调研转化，农产品的升级……对于这些乡村商品的商业化探索，或许在整村的改造和运营过程中，"依依墟里烟"的梦想会实现，而小熊在欧洲乡村旅居一年的欧洲村庄的梦想在墟里徐岙底也会彻底实现。

或许，知道路在何方的人会更容易到达终点。从2015年到2018年，一直坚持慢慢发展的墟里，从最小的单体民宿到最小的连锁民宿，又签约了徐岙底村的整村运营。而宁夏中卫的民宿集群，墟里也是其中五家之一。在三年多的时间里，墟里一直在不断探索。

墟里的十年目标是：做中国最好的乡村生活方式品牌和乡村生活运营商，并不断输出乡村生活化与运营的一体化模式和方法论。距离实现这样的目标还有五年左右的时间，我们有理由相信，既然墟里用三年多时间做到了民宿的小而美，那么，用十年时间也会真正成为乡村生活的运营商。

有棵树外景

辑四 浙闽品牌民宿

厦门有很多有特点的民宿
但问及整个厦门民宿圈
有棵树的位置不是最好的
空间设计不是最有特色的
但其主人却在整个厦门民宿圈中无人不知 无人不晓
或者这是一个行业对资深驴友的致敬

有棵树前台公区

[17] 你来，我把星辰大海的故事分享给你听

有棵树

　　北斗，有棵树民宿的创始人，在这之前，他还有很多标签，比如前阿里巴巴员工、旅游达人。在阿里巴巴工作5年后他毅然辞职，用四年时间跑遍了全世界40多个国家。或许热爱旅游的人，都喜欢交朋友。从40多个国家游玩归来后，土生土长的厦门人北斗开始邀请天南海北的人到厦门来游玩。不管是新朋还是旧友，总有很多人无理由地信任和依赖北斗。厦门有什么好玩的？厦门住在哪里比较好？厦门的老别墅客栈是不是都很有特点？……

　　这时，北斗便开始考虑在装修自家楼房时，多腾出几个房间以招待天南海北爱旅游的朋友。毕竟爱旅游的人都知道同类人想要怎样的住宿。于是，没有设计师，没有艰难的选址，北

121

有棵树客房

有棵树公共区

斗的第一家民宿——有棵树庭院旅馆就这么诞生了。能把自己的爱好当成事业来做的人,都是世界上最幸福的人。北斗很庆幸工作几年后就明白了自己想要的是什么,并且还能赶上这个行业发展的红利期。2013 年,北斗决心投身于民宿事业,而这一年,也正是国内民宿发展元年,众多业内知名民宿品牌都在 2013 年试水民宿行业。

在阿里巴巴工作时形成的工作习惯,让北斗开始认真考量经营民宿这件事情。当理性地分析了厦门的客源数据,厦门旅游在全国的影响力,尤其是和他一样的旅行者对住宿产品的诉求之后,北斗下定了决心,要把民宿当成事业来做,做到真正的极致状态。因为,经营民宿和旅游一样,都能接触到世界各地不同的人物和风情。

热爱旅游的人都是爱交朋友的人

和其他做民宿的人不一样,热爱旅游的北斗从客人的角度出发,审视民宿应该提供什么样的空间和服务。2013 年,已经游历过 20 多个国家的北斗和世界各地的驴友交流过,自己的亲身经历也让他相信,做民宿就要做出自己喜欢的样子,一定会

有棵树客房

有棵树公共区间

有棵树公共区间

有同道中人循迹而来。因此，他把自己当成了最挑剔的客人。房间要极简，最重要的是要保证人的最大自由。但公共空间一定不能简单，要让每个人都能在这个公共活动区打开心扉，就让每个客人都能自由自在地交流和沟通。客人只要来到有棵树，就一定会在有棵树留下些什么，或是一段和陌生人的倾心交流，或是朋友家人间的亲密互动。所以，有棵树民宿的公共空间总能营造出友好交流的氛围。

北斗从40多个国家背回来的老物件，黑白电视机、电风扇、褪了色的桌椅，总能让客人在公共空间中流连忘返。在大大的落地窗让院子里的热闹场景也一一展现，猫在捉迷藏、狗在迎接每一位客人。阳光斜斜地照射下来，这样的温暖，总让人恍如隔世。在这条因为旅游而结缘的民宿路上，北斗从最开始的玩票性质到最终决定以此为终生的事业，事情或许有了更多的转变。

当然，不变的是一颗赤诚之心。在北斗看来，旅行和民宿，总要有一样在路上。因此，2012年辞职的北斗，通过五年时间游历了40多个国家，还开办了三家民宿。每一家，都在前面一

有棵树·厦门设计师酒店外立面

有棵树·厦门设计师酒店客房

**旅行和民宿
总要有一样在路上**

家的基础上有了更多改良；每一家，都融合了他在旅游过程中的各种感悟。

2013年，有棵树家庭旅馆开业；2016年，厦门设计师酒店开业；2017年，无岚店开业。除了前期在经营民宿的过程中积累经验外，客人们的期盼是北斗实现乡村民宿梦的主要动力。还有不少在旅途中认识的人特意来到有棵树，只为和北斗聊聊在旅行中的奇闻趣事。

有棵树的发展速度越来越快，泉州、深圳、西安的店面都在装修改造中。截至2020年，有棵树将在全国主要景区和度假目的地选址，完成10家门店的全国布局。做民宿的人总有一颗热爱旅行和自然的心，感知它，跟随它，便能收获人生最美的风景。

有棵树儿童房

辑五
徽派品牌民宿

徽派建筑本身就是典型的徽派文化载体,徽派民宿便是借助了文化的优势,呈现出与其他地区全然不同的民宿形态。高高的马头墙、细密排列的小青瓦,都让建筑爱好者流连忘返,祠堂和牌坊也成了民宿的配套设施。无论是从宏观布局,还是从微观雕饰上来看,古徽州的文化会让你有一种别样的体验。

18 山水间 / 19 墅家 / 20 澍德堂

山水间·喜新恋旧公区

白墙青瓦　高低错落的马头墙
精美的雕刻　让人无限遐思的天井
徽州民宿山水间仿佛是人们梦中的故园
让人回到了过往的淳朴岁月

山水间·黄山不见山精品民宿公区

[18] "连锁不复制"民宿梦

山水间

徽州的山水是空灵的，建筑是沧桑的。自 2015 年开始的民宿热中，虽然徽州的民宿在数量上不及云南，但是在整体品牌营造上也不如江浙一带的莫干山胜地。但徽州的黄山板块，因为自然环境的独到性以及人人心目中的徽州建筑情结，也出现了不少让人喜爱的民宿。设计师陈熙打造的山水间便是其中翘楚。而在设计过程中，他对酒店渐渐产生了不一样的看法："要让酒店舒服得不像酒店，要让坐下来的人不想出去！"

陈熙还是一个非常自律的人，虔诚地信奉佛教，每天会在固定的时间冥想打坐。因为这样的自律，让他看起来温文尔雅，宛若翩翩公子。极强的自律性，再加上骨子里对设计的热爱和过往几十家经典品牌酒店的设计经验，注定了陈熙要做的酒店不是凡品。

山水间·黄山不见山精品民宿客房

山水间·黄山不见山精品民宿客厅

山水间·黄山不见山精品民宿一角

山水间·黄山不见山精品民宿外观

陈熙的第一家酒店选在黄山,不仅仅是因为中国人都有的徽派建筑情结,更重要的是,一次旅行途中邂逅的那间老房子让他念念不忘。或许人与人、人与建筑之间都讲究缘分。很多时候,因为心存一个梦想,便在某个时刻相遇。在陈熙的记忆中,第一次看见这栋老房子时就动了心,回到上海后还经常和太太一寒提起。因此,回到上海后没多久,陈熙就去找房东签合同,在具体实施的过程中,陈熙也在考虑到底是做酒店还是民宿。而最终,他在酒店和民宿中找到了一个折中点,即把这种酒店命名为微酒店。微酒店既有精品酒店的品质和专业性,同时又兼具民宿一般的温情、舒适。正因为心存这样的想法,做过无数精品酒店设计的陈熙反而没有亲自设计,而是向设计圈的朋友广发英雄帖,9间房的微酒店,很快就吸引了9位资深设计师的加盟。

当然,山水间之所以后来能在行业大热。仅有出众的外观是远远不够的,任何成功的民宿都会在后台的运营方面有独到的竞争力。而山水间的运营依靠的是自己家人。一寒,陈熙的太太,擅长油画,有独到的审美品位,和陈熙在审美上有天然的一致性。因此,有了好的设计,一寒便开始布置整个微酒店。

山水间·黄山不见山精品民宿外观

山水间·黄山不见山精品民宿外景

山水间·喜新恋旧公区

从酒店名字、员工的工作服到前台 check in 处的物品摆放，每一处都是一桌对生活的领悟。或许，这样的个性化布置便能迎合民宿所谓的非标吧！也正因为这样的打理，山水间开始就呈现出不一样的主人文化。陈熙的妹妹尔东彦定居欧洲多年，如果没有山水间，或许她会一直在欧洲生活下去。当陈熙把山水间打造好后，给尔东彦发了个微信："油菜花都开了，还不回来吗？"

当时，只是回来探亲的尔东彦也没想到会回国，守着老房子过日子。而当她踏上徽州的土地时，中国人骨子里的家乡情结，从小就接受到的徽派建筑的熏陶，让她一下子就喜欢上了这里，之后她就再也没有回欧洲。在山水间的主人文化中，尔东彦功不可没。她打造了山水间特有的关键绩效指标（KPI），客人的回头率是考核中的关键指标。而在她的运营下，山水间客人的回头率和转介绍率远高于一般酒店。也正因为有了这样的考核指标，山水间的运营便以客人为中心，为山水间赢得了良好的声誉。

山水间·喜新恋旧客房休息区

山水间·醉里头客房

山水间·喜新恋旧外立面

在民宿行业,很多人都强调主人文化。而在笔者看来,主人文化不仅仅是客人感受到的文化氛围,更是运作整个民宿过程中的创始人的眼光、境界,甚至是做好民宿创业这件事情本身的逻辑性和公司架构。或许,第一个山水间微酒店是陈熙基于情怀的作品。而在后续的操作中,山水间则完全呈现出了公司化操作的性质。为了和之前服务过的几十家酒店不同,陈熙还提出了民宿界的名言——连锁不复制。山水间除了打造"连锁不复制"的极致单品,更希望来到山水间的客人,不会因为硬件、软件等服务而产生烦扰。

在这样的快速发展中,到 2018 年时,山水间·黄山不见山、山水间·喜新恋旧、山水间·宿在山间、山水间·醉里头、山水间·又见浮玉——面世。这么多精品微酒店问世的原因,绝不仅仅只

山水间·喜新恋旧公区

山水间·醉里头公区

是因为设计师的情怀,而是一个运作成熟的酒店团队的精心策划制作。"连锁不复制"的山水间,第二个酒店的前身是黄山博物馆,而喜新恋旧则通过极其现代的设计手法和古老的徽派风格相结合,让新旧风格有了更好地融合。山水间·醉里头位于安徽池州杏花村,每一处的选址、设计、成品,都能让人感受到山水间独特的品质。

墅家·同里社客房

辑五　徽派品牌民宿

墅家是什么
对一般人而言　只是一个网红民宿品牌
而对聂剑平而言　是他可以出走半生归来后的梦想家园
甚至他最大的梦想是
可以死在任何一个墅家　太太在旁边弹古筝
一个"斜杠中年"倾尽全力的梦想家园——墅家

墅家·丽江玉庐设计师度假酒店外观

[19]　一个"斜杠中年"的梦想家园

墅家

民宿，唯院子与主人文化不可复制。能从全国各地上万家民宿中脱颖而出的民宿，民宿主必定是全能型人才，或者至少懂得识人善用，团队中拥有各种人才。

墅家的创办人聂剑平便是这众多民宿主中的佼佼者。生活美学家，别墅及度假酒店策划师、建筑师，室内设计师，是他还没做民宿前的身份。而在此之前，他的从业经验更丰富，开过家具售卖店和咖啡馆。拥有了足够多的行业经验后，已经功成名就的聂剑平反而迷茫了。"人应该怎样活着才有意义？"2011年，他去了北京，希望能在这个文化之都找到自己的人生方向。此后很长一段时间，聂剑平都混迹在北京的艺术圈内，但他发现这些艺术大咖们的生活也并不是自己想要的。

135

墅家·丽江玉庐设计师度假酒店客房

墅家·丽江玉庐设计师度假酒店

2012年，国内关于民宿的讨论日益增多，而作为设计师的聂剑平似乎找到了一件可以让自己全身心投入的事情。做一间小小的房子，既可以发挥自己的设计水平，并表达自己对房子超乎常人的美感，又能接触到天南海北的众多朋友。

这样的初心，让聂剑平充满激情。选址，策划，设计，施工……这些让民宿主头疼的事情，聂剑平只花费了三分之一的精力。毕竟，过去20多年的工作主要就是做这些事情。婺源，几乎所有人都知道有最美油菜花的地方，让聂剑平的民宿梦想有了一个

辑五　徽派品牌民宿

墅家·丽江玉庐设计师度假酒店茶室

墅家·丽江玉庐设计师度假酒店

真正的载体。墅家·墨娑西冲院，为了让这个民宿能呈现出更好的状态，聂剑平用了三分之二的精力来考虑整体运营。用他的原话来说，"酒店是我们的第二个家，无论旅行、度假还是身在异乡，我们都需要有住的地方，民宿则融入了主人自己的生活态度而越来越受人欢迎。"两者各有特色，也都有所欠缺，大多数酒店都太过商业化，没有把顾客的需求放在首位；而民宿的品质，尤其是舒适度，显然还做得不够。而一个能给人家的感觉的民宿，在设计上必须是漂亮的、让人赏心悦目的，但这并不能作为酒店运营成败的决定性因素。聂剑平对墅家有明

137

墅家·丽江玉庐设计师度假酒店外立面

墅家·丽江玉庐设计师度假酒店客房

确的要求,"睡到自然醒、满眼是风景、餐饮随时请、微笑墅家亲。"在这四句话中,有关设计的描述只有一句,其他三句,看似与设计无关,却是一个产品的服务体系。管理不到位、服务不到位,酒店依旧难以运营。

很多时候,聂剑平都在考虑如何让客人吃得好、玩得好,以及如何用微笑让客人宾至如归。这是整个产业链的需求,也是墅家的核心价值。原本只是在人生困惑期做一个民宿来体验另外一种生活方式,但2014年开业的墨娑西冲院还是带给了聂剑平想象不到的快乐。首先是行业认可,开业后的第一年,墨娑西冲院获得了当今中国最具国际影响力的权威设计大奖——2014年度国际空间设计大奖艾特奖的最佳酒店设计奖。

辑五　徽派品牌民宿

墅家·丽江玉庐设计师度假酒店内景

墅家·同里社

2015年，国家旅游局副局长杜江到墨娑西冲院考察。腾讯、阿里巴巴、新东方等国际一流企业的团建在这里召开。这些企业人员的到来，让聂剑平一下子觉得自己找到了全天下最好的生意：既好玩又赚钱。在墨娑西冲院逐步成熟的过程中，聂剑平迅速地在全国风景最美的地方开疆拓土。2016年，丽江玉庐·雪嵩院开业。同样的，丽江玉庐·雪嵩院在开业第一年就获奖无数，如2016首届中国文旅产业巅峰大会十大最具网络人气民宿，这让聂剑平的墅家不仅在设计圈有了共识，也在消费者的心里有了更大的分量。

139

墅家·同里社公共休闲区

墅家·同里社客房

墅家·同里社客房

2016年11月,国家旅游局副局长王晓峰在丽江市常务副市长和春雷等一行人的陪同下专程来到丽江玉庐·雪嵩院参观考察。安缦、悦榕庄、君悦等国际经典酒店品牌高管也相继来到玉庐雪嵩院观摩学习。市场、政府和同行的赞誉让聂剑平信心满满,于是,他在此时提出5年内采用自营或者托管的方式运作100家墅家的目标,计划开发加盟项目30个、联伙项目15个、吾乡模式项目10个,并在国外发展100家酒店会员加盟。

自从2014年第一家墅家开业之后,2017年墅家迎来了一次品牌知名度的极大曝光。这一年,聂剑平创办的墅家出现在《天天向上》节目中,墅家向全国观众展示了徽派古宅的魅力,聂剑平和汪涵一起聊生活方式和生活美学。和当初苦苦追寻人生真谛的聂剑平相比,现在的他感觉时间太紧、不够用。在聂剑平的小梦想中,也迎来了"一个民宿,影响一座城"的大情怀。

在丽江玉庐·雪嵩院开业后,墅家为村子建小型博物馆,记载村子历史,带动了村里的旅游经济,农家乐和骑马上雪山也

辑五 徽派品牌民宿

墅家·同里社客房

墅家·婺源百年故里清代文化馆公区

墅家·婺源百年故里清代文化馆客房

成了当地重要的旅游形式。当地的茶叶、蘑菇不再无人知，而是被北上广深的消费者所接受。在墅家的带动下，这个村庄涌现出众多做民宿客栈的人，包括行业巨头青普。

2019 年，距离聂剑平选址做民宿不过短短 7 年，他坦言："曾经我是一个很好的设计师，一个很一般的生意人。开咖啡厅、做家具生意都赔钱。但民宿，是唯一一个让我觉得既好玩又赚钱的行业，我最喜欢的身份是墅家总导演。我可以根据自己的思路来构思剧本、设计风格、组建团队，然后挑选合适的演员来呈现，甚至自编、自导、自演。其实，我是在设计一种生活方式。对于生活感悟，我们要有自己的理解，但它不是凭空出现的，而是建立在丰富的生活体验之上，不同的生活经历会带来不同的感悟，而我要做的就是优化这种体验，并使之完整呈现。"或许，这个"斜杠中年"终于在知天命的年龄里找到了让自己动心的事情，这也正是民宿的魅力所在。

澍德堂外景

辑五 徽派品牌民宿

澍德堂品牌的重现，不仅仅是民宿这么简单，
更是徽商精神在等待 60 年之后的复兴，
也是家族文化的传承和复兴。

澍德堂·黄山呈坎店外景

[20] 苏辙38代后人的文化逆袭

澍德堂

　　澍德堂主人苏彤，是苏澈的第 38 代后人。在她的记忆中，900 多年前的文人祖先并没有被父辈过多提及。爷爷奶奶辈，走的都是徽商的路子。澍德堂这个品牌，苏彤是第七代传承人。爷爷奶奶带着父亲落叶归根的时候，是 20 世纪 50 年代，也是在那个时候，澍德堂品牌名不再沿用。直到 2016 年，苏彤租下了呈坎村的 7 栋老房子改造成民宿，取名时才从族谱中再次确认了这个品牌，这一年，距离澍德堂的品牌名停用已过去 60 年。

　　1999 年，徽州姑娘苏彤就开始了创业，创业时她选择了母婴行业，一做就是十多年。也许是骨子里的徽商精神，她的创业之路虽然几经波折，但越做越大，10 多家连锁店的业态俨然已经成了当地最大的母婴品牌。大概在 2010 年苏彤创办的店铺

澍德堂·黄山呈坎店茶空间

澍德堂·黄山呈坎店套房

澍德堂·黄山呈坎店餐厅

就从淘宝C店升级成天猫店。多年的电商经验，让她开始对客户画像、数据分析、获客成本等有了足够多的认识。

　　依靠过往的经验，连锁品牌的道路势必会越走越宽。热爱旅游的苏彤，每年都要出国旅行几次，住宿选择从开始的快捷酒店到度假酒店，再到通过爱彼迎平台预定的民宿。入住时的多方交流，让苏彤对民宿有了更多的期待，原来还有这样一种住宿模式，充满了温度感，让人难忘。徽派建筑不仅有内涵还有颜值，那么，作为徽州人，为什么不能在老家做这样的一个民宿，来接待亲朋好友呢？说做就做，于是苏彤开始在徽州寻找合适的房子。当然，为了资产的安全性，苏彤最初和家人的底线是：如果房子不能租赁，就一定不会做。几个月的兜兜转转，在呈坎村，苏彤发现了适合做民宿的老房子。十亩荷塘环绕，景色开阔，这里几处老房子无人居住，于是苏彤挨家挨户去谈房屋租赁的事情。后来苏彤笑称：遇到真爱时就会变得没有底线，当时满脑子想的都是，将来我会把这些房子做成什么样子，所以我一定要把房子租下来，不计代价。这个时候，"徽商"的精明让位给了民宿的情怀。

澍德堂·黄山呈坎店餐厅

澍德堂·黄山呈坎店荷塘

澍德堂·黄山呈坎店夜景

租下房子以后，苏彤便和父母商定用"澍德堂"作为这家民宿的名字。于是，这里便有了家的感觉，有了儿时捕鱼抓虾的记忆，有了满满的温度感。苏彤将自己全部的精力和心血都投入到了这间老房子的装修上，也就是未来的"澍德堂"。

也正是由于用了"澍德堂"这个名字，苏彤好像更加理解了祖上走南闯北时的心情。一个品牌的创立实属不易，当她决定用这个品牌时，最初定好的商业计划、投资预算，就变成了一个个被轻易击破的底线，一切都只为了再现祖上对徽派建筑的执着与期望。

也许正是因为这样的执念，澍德堂在2017年试营业时，就得到了诸多的殊荣。各路游客纷纷把这里当作自己心中徽州文化和建筑的代表。苏彤让先生代为打理自己的母婴连锁品牌，而自己则全身心地投入到澍德堂的经营和管理中。很多人的民宿之路都基于情怀，但当真正投入其中时，就会发现经营民宿不仅仅是因为情怀，更是经营自己的事业。众多在各行各业的成功人士放弃了"主业"，纷纷全身心投入民宿行业。在第一家民宿形成品牌之后，每天都在民宿中实地运营的苏彤对客人有了更多的认识。

澍德堂·黄山呈坎店套房

澍德堂·黄山呈坎店外景

澍德堂·黄山呈坎店荷塘

客人喜欢什么？他们的诉求是什么？为什么住民宿？作为一个摸爬滚打了十多年的生意人，苏彤对客户画像有着不同于常人的敏锐度。有澍德堂的品牌和运营经验加持，苏彤很快就开始了第二个民宿——暖山町的选址和营建。这一次的客户画像更加清晰，他们更年轻、时尚，希望能足不出户享受悠闲度假的日子。因此，暖山町的选址临近黄山，屋内主题色是白色，搭配木质家具，呈现出清爽自然的家居感。沙发是软的，花是香的，时间在此刻是静止的。爬完黄山归来，暖山町给人的感觉不是拥有澍德堂般的悠久建筑文化，而是黄山脚下的一个家。这里让人放松，给人温暖而舒适地感觉。

不成功的民宿各有各的理由，但成功的民宿背后都有一个共同点，那就是主人的亲力亲为和不断地总结创新。每个人的第一家民宿都有许多经验教训，但唯有不断在实践中总结经验，在运营中进行客户数据、运营数据的分析整理，才能让民宿有更大的发展。

从澍德堂到暖山町，从文化传承到满足现代人的出行之选。苏彤用澍德堂完成了家族文化的传承与复兴，用暖山町实现了一个生意人在民宿行业的成功。

名词解释

1. OTA：全称为 Online Travel Agency，中文译为"在线旅行社"，是旅游电子商务行业的专业词语，指旅游消费者通过网络向旅游服务提供商预定旅游产品或服务，并通过网上支付或者线下付费，即各旅游主体可以通过网络进行产品营销或产品销售。中国境内常见的有携程、美团、飞猪、途家等。

2. PMS：用来管理房态变化，并能实现民宿所有工作人员及时共享的房态管理软件或者系统。目前国内主流的民宿 PMS 管理软件有订单来了、云掌柜和番茄来了。

3. 间夜：即民宿每间客房的入住天（过夜）数。

4. 客房：是民宿为客人准备用于住宿以及休闲娱乐等服务的场所。民宿会根据客人的不同需求和用途设置不同种类的客房。家中通常会留有一两间空的房间，以备客人来家做客时留宿，也叫客房。

5. Check in：办理入住手续，为客人填写入住表格，内容包括姓名、性别、国籍、居住地、身份证（外国人护照）号码、联络电话、入住日期及天数，将押金（由民宿工作人员填写）单据及民宿房间门钥匙给客人。

6. Check Out：结账。

7. 夜床礼：晚上客人归来，回到民宿房间时，民宿经营者送来的小礼物，可以是当地的风物、小吃等一切能打动人心、让人觉得温暖舒适的小礼品。

8. 布草：是民宿客房部对客房放置的毛巾、台布和床单、枕套等的统称。

9. 二销：除了销售间夜之外的其他销售品，比如当地乡村特有的水果、蔬菜、粮食以及简单加工过后的其他特色产品。

10. 管家：一般是指常驻民宿，用热情而专业的态度接待民宿客人，贴心照顾到每一位客人的需求的民宿实地运营者。

11. 房态：客房房态也就是客房的销售情况。

12. 情怀：一种高尚的心境、情趣和胸怀，以人的情感为基础，与所发生的情绪相对应。

13. 院子：民宿庭院、院落。

14. 农家乐：农家乐是新兴的旅游休闲形式，是农民向城市人提供的一种回归自然从而获得身心放松、愉悦精神的休闲旅游方式。

15. 洋家乐：特指莫干山一代的农家乐，因为最早是外国人在莫干山开办民宿，故称为洋家乐。

16. 渔家乐：渔家乐是指沿海或海岛渔民向城市人提供的一种回归自然，从而获得身心放松、愉悦精神的休闲旅游方式。

17. 城市民宿：由小村落发展而来，多以公寓大楼的形式呈现，以现代风格的建筑为特色。

18. 乡村民宿：以乡村文化为内涵，多依托景区或者地域特色资源而发展，乡土气息浓厚。

19. 景区民宿：依托周围的大型景区或卖点发展起来的，为客人提供住宿服务的房间。

20. 花道：花道在中国也可称为插花艺术、插花（术）或者花卉艺术，指适当截取树木花草的枝、叶、花朵，艺术地插入花瓶等花器中的方法和技术。

21. 茶道：茶道是茶艺与精神的结合，并通过茶艺表现精神。兴于中国唐代，盛于宋、明代，衰于清代。中国茶道的主要内容讲究五境之美，即茶叶、茶水、火候、茶具、环境。

22. 社群：社群要有社交关系链，不仅只是拉一个群，而是基于一个点、需求和爱好将大家聚合在一起，有稳定的群体结构和较一致的群体意识；成员有一致的行为规范、持续的互动关系；成员间分工协作，具有一致行动的能力。民宿可以找到一些适合的社群，进行深度社交，并尽量让社群的人成长为民宿的客人。

23. 众筹：翻译自国外"crowdfunding"一词，即大众筹资或群众筹资。当前国内的民宿众筹平台有多彩投和开始吧。

24. 众筹共建人：指大家（大众）共同集资、共同（一起）建设。在民宿领域，主要是指通过平台来对民宿进行集资的投资人。他们作为民宿共建人，享受投资收益，并获取一定数额的民宿消费金，可以让民宿在开业之初就获得一定的知名度和种子客户。

25. 众筹消费金：众筹投资人因为众筹民宿获得的一些消费金，可用于民宿的日常消费。数量多少通常由众筹平台和民宿主协议决定，而投资人觉得投资可以接受的话则参与众筹，获得相应的投资现金收入以及民宿众筹消费金收入。

26. **入住率**：民宿入住率＝每日实际入住房间数目／每日可供房间数目。

27. **民宿运营**：民宿的日常运行中的开支账务核算以及培训相关人员，以保证民宿客人获得稳定的服务。

28. **主人文化**：民宿主人与众不同的人生阅历以及生活情趣，在民宿中展现出来的一种状态。

29. **客房清洁服务**：民宿客房的打扫、布草清洗、房间整理服务。

30. **洗衣服务**：用于民宿给客户提供的洗衣服务。

31. **预留房**：一般是民宿销售与中介公司之间达成的，不管节假日都为其预留不外售的民宿客房。

32. **预订房**：指出行的人需要民宿服务的时候，提前与民宿方面就入住时间、房间档次及相应服务做基本沟通。

33. **免费房**：通过完成某项任务获得的免费入住的民宿房间。

34. **标间**：卧室、工作区、会客区同在一个房间内，并且有单独卫生间的房间。标准间又分为标准单人间、标准双人间和标准三人间。

35. **大床**：一张大床的房间。

36. **套间**：指独自配成套的一组房间。套间通常由两间或两间以上的房间组成，带有独立卫生间和其他附属设施，如座椅、沙发、衣橱等。套间拥有不同使用功能及室内装饰、配备用品标准等。

37. **套院**：独立配套的院落。

38. **公区**：公共区域。

39. **亲子房**：大人带小孩入住的房间。

40. **交班**：指把工作任务移交给下一班。

41. **前台接待**：又叫"行政前台"，与"行政后台"对应，归属公司行政部管辖。

42. **台账**：原指摆放在台上供人翻阅的账簿，故名台账。久而久之，这个词就固定下来了，实际上就是流水账。

43. **入住登记表**：客人入住的时候需要填写的表格。

44. **收款凭证**：是指用于记录库存现金和银行存款收款业务的记账凭证。收款凭证根据有关库存现金和银行存款收入业务的原始凭证填制，是登记库存现金日记账、银行存款日记账以及有关明细分类账和总分类账等账簿的依据，也是出纳人员收讫款项的依据。

45. **发票**：发票是指一切单位和个人在购销商品、提供或接受服务以及从事其他经营活动中，所开具和收取的业务凭证，是会计核算的原始依据，也是审计机关、税务机关执法检查的重要依据。收据才是收付款凭证，发票只能证明业务发生了，不能证明款项是否收付。

46. **伴手礼**：是出门到外地时，为亲友买的礼物，一般是当地的特产、纪念品等。"伴手"是伴人送手礼，也就是古人"伴礼"的意思。

47. **确认**：向客人确认信息。

48. **房间定重**：同一间房被客人重复预订。一定要做客房房态管理，万一发现房间定重，要及时和客人联系，以避免出现到店无房的情况。

49. **到店无房**：因为房间定重，客人到店以后发现没有空房间。如果是在OTA上预定的客人，直接给平台减分，降低权重。这是很重大的事故，要尽量避免。

50. **提前抵达**：客人比预定的到店时间早到。建议民宿主要做好提前抵达客人的预案，比如安排这些客人把行李放在前台后去某某地方游玩。

51. **续住**：此房没有被其他人预定，如果客户需要就可以续住。

52. **加床**：因客户需要，在房间内额外加床。

53. **客人账单**：客人到店消费的记录。

54. **客房部**：作为民宿营运中的一个重要部门，其主要的工作任务是为宾客提供一个舒适、安静、优雅、安全的住宿环境，并针对宾客的习惯和特点做好细致、便捷、周到、热诚的对客服务。

55. **交班本**：每班交接工作的记录本。

56. **定金**：定金是预订房间时提前支付的一部分费用，以确定住宿这件事情。

57. **到店礼**：民宿主为客人准备的到店后送的礼物。

58. **平均房价**：房间的平均价格。

59. **预告锁房**：民宿主接到了团建或者其他预订形式，需要在 PMS 后台管理软件上把房间预订好，并在各个预订平台上通知该房已经被预订，把房间锁住，以避免更多人预订而定重房间。

60. **取消预订**：客户取消了在店内的预订。

61. **民宿自用房**：民宿主自用的房间。

62. **坏房**：未清理好的房间。

63. **长包房**：将一部分客房长期租给客人。

64. **换房**：客人因某种原因需要更换房间。

65. **房型**：房间类型，例如标准间、单间、套房、大床房等。

66. **旅行社包房**：旅行社和民宿签的客房协议。

67. **KOL 达人**：关键意见领袖。用在民宿领域，主要是各级旅游达人，他们擅长拍照、撰文，并有一定的粉丝。是能够带领更多陌生人入住民宿的人。

68. **空房**：没有预留，可随时入住的房间。

69. **过路客**：没有经过预留，碰巧路过时到前台直接预订的客人。

70. **挂账**：客人的消费挂账。

71. **团建**：团队建设。

72. **满房**：没有空余房间，全部住满。

73. **失物招领**：领取丢失物品的地方。

74. **叫早**：早上叫醒服务。

75. **没到客人**：到住店时间人却未到的客人。

76. **请勿打扰**：24 小时以内服务人员不得进入客人房内。

77. **折扣房**：费用打折的房间。

78. **欢迎水果、点心、饮料**：民宿为客户的到来准备的小礼品，乡村民宿一般路途遥远，客人又不熟悉路况，建议民宿主为到店的客人准备一些水果和茶点，给客人留下一个好的第一印象。

79. **佣金**：一般特指 OTA 为民宿提供客源之后的抽成，一般为房屋总价的 8% ~ 15%。

80. **候补订房**：当酒店订房已超过及无法接受更多的订房时，为了保障酒店的利益和满足客人的需要，把额满后的订房消息记录在候补名单上。

81. **服务费或附加费**：民宿人为客人服务过程中产生的费用。

82. **金宿**：2017 年 8 月 15 日，国家旅游局正式发布《旅游民宿基本要求与评价》，首次提到金宿，金宿为高等级。

83. **银宿**：2017 年 8 月 15 日，国家旅游局正式发布《旅游民宿基本要求与评价》，首次提到银宿，银宿为普通等级。等级越高意味着接待设施与服务品质越高。

84. **一客一换**：每次入住新客人后都要更换房内物品。

85. **民宿软装**：是民宿关于整体环境、空间美学、陈设艺术、生活功能、材质风格、意境体验、个性偏好，甚至风水文化等多种复杂元素的创造性融合。

86. **定价**：民宿房间的价格，一般根据淡旺季以及平日、周末及节假日有所不同。

87. **易耗品**：民宿里面容易损耗的物品。比如牙膏、牙刷、洗浴用品。

88. **一价全包**：一个价格包括所有的项目，对民宿而言，一般包含早中晚三餐、房间间夜价，甚至相关活动的价格。

89. **线上预定**：通过互联网等线上平台的预定房。

90. **景观房**：能看到当地最有特色景观的房间。

91. **青旅**：顾名思义，青年旅社。通常不像民宿那么正式，价格也比较低廉，是预算有限的自助旅游者及背包族最常考虑的住宿地点之一。若要说其与民宿最大的不同，可能在于通铺或上下铺的团体房间形式可供选择。

92. **主题民宿**：具有主题的民宿，2018 年比较流行的主题民宿有亲子、禅修、宠物主题民宿等。

93. **值班室**：值班房间。

94. **万能房卡**：一张卡可开启所有民宿房门。

95. **延时退房**：在规定退房时间内不退房，延长时间退房。

96. **免押金**：客人入住时不需要交付押金。

97. **免查房**：客人离店时不需要检查房间。

98. **预订平台**：预订房间的平台。

99. **应急预案**：指面对突发事件，如自然灾害、重特大事故、环境公害及人为破坏的应急管理、指挥、救援计划等。

100. **社群营销**：社群营销就是基于相同或相似的兴趣爱好，通过某种载体聚集人气，通过产品或服务满足群体需求而产生的商业形态。社群营销的载体不局限于微信、各种平台，甚至线下的平台和社区都可以做社群营销的载体。

101. **民宿 SOP**：民宿各个部门和岗位的标准工作流程。

102. **客诉**：客户消费过程中产生不满而进行的投诉。

103. **升舱**：指将价格较低的房型升级为价格较高的房型。

104. **公安入住系统**：酒店有住房系统，登记身份证号码后，显示开放成功，身份证号码就通过互联网传到所属公安局。

105. **食药所**：食品药品安全管理部门，对民宿而言，主要监管民宿的食品安全问题。

106. **安全科**：民宿保卫部。

107. **排烟净化**：排烟系统，清除不需要或有害的气体，使空气达到洁净的程度。

108. **夜审**：指在夜间进行核算工作或从事夜间核算工作的人员。

109. **商业用电、工业用电、农业用电**：在流通过程中企业专门从事商品交换（含组织生产资料流转）和为客户提供商业性、金融性、服务性的有偿服务，并以盈利为目的这些经营活动所需的一切电力，称为商业用电；工业用电是指主要从事大规模生产加工行业的企业用电；农业用电是通过农村供电系统为农业生产和居民生活提供电源，是农业电气化的先决条件，农村供电系统由农村供电电源和农村电力网组成。

110. **淡旺季**：以一年度为界限，因为气候以及节假日、工作日不同而产生的客流量差别。一般而言，春秋季节为民宿的旺季，冬天为民宿的淡季。

111. **旺季溢价**：旺季超出平均水平的价格。

112. **今夜甩卖**：当晚出售低价民宿房间。

113. **预付费**：预先支付的费用。

114. **种子客户**：指除客户自己反复消费外，还能为民宿带来新顾客的特殊常客。种子客户是较核心的顾客。

115. **员工在岗休息区**：员工上班期间的休息区。

116. **报损**：报告损失。

117. **技能培训**：在民宿中是指为了完成某项工作而必备的技能培训，比如客房阿姨的清洁卫生技能培训以及标准的培训。

118. **工服**：民宿员工工作期间穿的制服。乡村民宿的工服一般区别于酒店的制服，以休闲、放松、积极向上的状态为主。